JN412254

창세기부터 산명기까지

The Bible, Pathos of God

성경; 하나님의 파토스

성경, 하나님의 파토스(Pathos of God)는

성경 66권을 통하여 은혜로 돌보시고 사귀어 주시는

하나님의 완전한 사랑이야기입니다.

성경, 하나님의 파토스는

성경 66권을 통하여

은혜로 돌보시고

사귀어 주시는

하나님의 완전한

사랑이야기입니다.

목 차

신명기: 율법준수를 거듭 강조하시며 순종으로 이끌어 주시는 하나님의 파토스_ 191

추천사

류호준 목사
(백석대학교 구약학 교수)

“하나님의 말씀이 사람의 몸을 입으시고 이 세상에 오셨다”(요 1:14)는 선언은 기독교 신앙의 핵심이며 복음입니다. 이 세상에 오셨을 뿐 아니라 우리 가운데 함께 사시게 되었다고 합니다. 예수 그리스도의 **‘성육신’**(成肉身)을 풀어서 설명한 것입니다. 왜 이 사건이 우리에게 복음일까? 하나님이 사람이 되었다는 사실이 어떻게 복된 소식(복음)이 된단 말인가?

죽음을 이기시고 부활하신 것을 기념한 **부활절**과 함께 사람으로 오신 그리스도를 축하하는 **성탄절**은 기독교 신앙의 양대 축을 형성합니다. 성육신을 기리며 찬양하는 절기가 성탄절입니다. 성탄절을 기뻐하는 이유는 우리와 같이 되신 그분이 우리 가운데 거하기 위해 오셨다는 사실 때문입니다.

인간이 되신 하나님에게 우리 인간의 미래와 희망이 있습니다. 우리가 누구인지를 아시고, 우리의 연약함을 이해하시며, 죄의 세력 아래 놓여 종노릇하는 인간의 본질적 취약성을 경험하신 분이 있기 때문에 우리에게 희망이 존재하는 것입니다. 우리를 이해하지 못하는 신이 있다면 어떻게 우리가 그를 신뢰하고 믿을 수 있겠습니까?

성경은 하나님께서 사람이 되어 사람을 찾아오신 위대한 이야기들을 기록하고 있는 책입니다. 그분은 천상에서 영원한 적막과 엄위함 가운데 있는 옥황상제와 같은 분이 아닙니다. 그는 이 세상을 마치 태엽을 감아 놓은 시계처럼 그렇게 가만히 놓아두고 있는 분도 아닙니다. 그분은 손수 이 세상에 오시기로 작정하시고 마침내 사람이 되시어 인간의 한계와 궁핍 안에 스스로 낮아지셨습니다. 그리고 부단히 사람들에게 말씀하시고 이야기를 나누셨습니다. 그들과의 깨어진 관계를 회복하시려고 끊임없이 노력하셨습니다. 그리고 그들의 저항과 냉대와 반항에도 불구하고 끝까지 그들을 포기하지 않으셨습니다. 그들이 칼과 창으로 죽이려들었을 때도 순순히 자기 목숨을 내려놓고 그들을 끝까지 사랑하셨습니다. 이것이 인류를 사랑하신 **하나님의 '파토스'** 라는 것입니다.

하나님의 이러한 간절한 열정과 열망은 시대를 따라 다양한 목소리와 색조를 띠었습니다. 때론 호소하기도, 때론 부르짖기도, 때론 읍소하기도, 때론 채찍을 들기도, 때론 타이르기도, 때론 위협하기도 했습니다. 그러나 이 모든 것들 아래에는 자기 백성을 향한 끈질긴 사랑과 흔들리지 않는 헌신이 흐르고 있었습니다.

이러한 관점에서 성경을 읽어 내려간다는 것은 언제나 흥분되는 일이며 가슴 벅찬 여정입니다.

여기 추천하려는 책은 바로 이런 관점에서 성경 전체를 바라보려는 한 젊은 목사의 노력의 흔적들로 가득합니다. 단순히 성경에 관한 정보나 지식을 나열하거나 전달하려는데 목적이 있는 것이 아니라, 성경의 각 페이지에서 하나님의 애끓는 심장 박동 소리를 들으려는 한 젊은 목동의 귀 기울임입니다.

성경 해석이 궁극적으로 하나님의 마음을 읽어내는 작업이라면, 본서의 저자는 이 목적을 향해 자그마한 첫발을 내딛고 있는 것입니다. 그리고 이 작은 첫걸음이 마침내 신앙의 많은 순례자들에게 발자국을 남겨 그 길로 걷게 하는 선구자의 발자국이 되어 줄 것입니다. 의욕적으로 시작한 저자의 성경 읽기 작업이 성경을 사랑하는 많은 독자들의 사랑 받기를 기원합니다.

류호준 목사
Daniel H. Ryou. Ph.D.
Professor of Old Testament Baekseok University
www.rbc2000.pe.kr

성경안으로 들어가는 글

성경, 하나님의 파토스(Pathos of God)는
성경 66권을 통하여 은혜로 돌보시고 사귀어 주시는
하나님의 완전한 사랑이야기입니다.

성경, 하나님의 파토스는

성경 66권을 통하여

은혜로 돌보시고

사귀어 주시는

하나님의 완전한

사랑이야기입니다.

성경 안으로 들어가는 글

성경은정경 성령의 유기적 영감으로 쓰인 하나님의 말씀입니다. 또한 그리스도인들의 '신앙과 삶의 유일한 규범' 인 성경은 온 백성을 사랑하시는 절대주권적인 하나님의 말씀입니다.

그러나 사람들은 성경에서 단순한 학문의 대상인 성서 지식을 찾고, 도덕성과 윤리를 찾습니다. 더 나아가 우주의 신비, 역사, 인종차별의 여러 답을 찾으려 하기도 합니다. 아직도 자신이 좋아하는 주제에만 관심을 갖고 실제로 성경을 축소하기도 합니다. 어째서 정작 찾아야 할 영광의 하나님을 보지 못하고, 생생하게 다가오시는 전능하신 하나님을 찾지 않는 것인지 알 수가 없습니다. 그러니 하나님의 마음에는 관심이 없습니다.

하나님께서 우리에게 보여주고 싶어 하시는 대로 보아야 하나님을 정확하게 알 수 있습니다. 자연과 역사, 인간의 마음과 양심을 통해 하나님 자신을 보편적으로일반계시 드러내실 때 알 수 있으며 자신을 계시하신 하나님의 말씀을 통해 볼 수 있습니다.요1:1-4

분명한 것은 하나님은 특별계시인 성경을 통해 영광의 하나님을 바르게 알기를 원하십니다. 하나님께서는 사람의 역사 속에 절대 주권적으로 자신을 드러내 보이셨기 때문입니다. 그래서 하나님의 '공의' 히브리어-미쉬파트, 체다카와 '사랑' 헤세드을 먼저 느껴야 합니다.

하나님과 인간과 자연에 대한 성경의 본질적인 의미에 귀를 기울여야 합니다. 불완전하고 연약한 사람들의 한정된 언어 안에 자신의 무한하고[초월성] 완전한 마음을 담아 우리에게 '신앙'을 가르치시려는 하나님 아버지의 뜨거운 사랑을 깨달아 더 큰 영광을 돌려야 합니다.

성경 안에서 사람이 어떻게 하나님을 찾아 가는가에 관한 것보다는 은총의 대상일 수밖에 없는 인간에게 절대주권적인 하나님께서 어떻게 은혜를[내재성] 내리시는가에 관해 집중해야 합니다.

죄에 대한 심판은 모든 것을 초월하시는 하나님의 당연한 처분이지만 그의 백성들을 향하신 내재적인 하나님의 사랑은 우리의 현실적인 아픔과 어려움에 직접 관여하십니다. 우리와 함께 하시는 하나님의 내재성은 심판을 앞에 둔 그의 백성들에게 기회를 주시며 은혜의 나라로 인도하시는 것입니다. 창조주 하나님의 말씀인 성경은 그 백성들을 사랑하셔서 넘쳐흐를 수밖에 없는 영원한 생명의 샘이 되어주셨습니다.

우리는 성경을 통해 나타내시는 하나님의 마음을 읽고 그 속에서 은혜로 돌보시며 사귀어 주시는 하나님을 알게 됩니다. 하이델베르크 신앙문답서는[27번, 제10주일] 그것을 가리켜 '하나님의 섭리'라고 부릅니다. 이는 전능하시고 항상 존재하는 능력으로 마치 직접 그분의 손으로 만지시듯 하늘과 땅과 모든 피조물들을 다스리시기 때문입니다.

그러므로 나뭇잎과 풀, 비와 가뭄, 풍년과 흉년, 먹을 것과 마실 것, 건강과 병고, 부요와 가난 등, 이 모든 것이 우연히 일어나는 일이 아니라 하나님 아버지의 따스한 손길로부터 우리에게 오는 것입니다. 이처럼 섭리는 하나님의 목적과 계획에 따라 백성의 삶에 간섭하심으로써 절대주권을 나타내십니다.

그래서 헤르만 바빙크는Herman Bavink 성경을 '하나님의 일기'라고 표현했습니다. 하나님의 마음이 담겨 있는 성경은, 선택받은 사람들을 통하여 모든 사람에게 은혜의 손길을 내밀어 주시며 사귀어 주시려 행동하시는 '하나님의 파토스' 이야기인 것입니다.

성경 속에서 사람의 언어와 함께 사람의 형태로 표현되는 '파토스'는Pathos 원래 철학 상의 용어로 정념,情念 격정,激情 정열 등으로 번역되며, 헬라어의 'Pachein'에서 유래된 말로서 고통스러워하고 괴로워하는 마음을 뜻합니다. 이 단어는 수사학자였던 아리스토텔레스 때부터 감정을 냉대하는 풍념으로 쓰이는 비판적 용어 중 하나로 쓰이게 되었습니다.

그러나 아브라함 헤셀은A. Heschel 구약선지자들의 신학을 '하나님의 파토스 신학'이라 강조했으며 이스라엘의 존재와 역사는 언약적 연합 속에서 하나님의 파토스와 결합되어 있다고 말합니다.

즉 전능하신 하나님은 그의 파토스 속에서 자신으로부터 나오셔서 이스라엘 백성을 선택하시고 스스로 언약 상대자가 되어 주셨다는 것입니다. 결국 이스라엘의 존재와 역사는 하나님의 파토스와 결합된 것입니다. 창조, 해방, 언약, 역사 그리고 구속은 모두 하나님의 '파토스'로 부터 흘러나와 계시되고 있습니다. 그래서 하나님은 친구, 아버지, 어머니, 사랑에 애달픈 여인으로, 질투하시고 열심을 다하시고 진노하시는, 그 백성을 사랑하여 고난에 기꺼이 동참하시는 분으로 하나님을 알게 하십니다.

하나님의 백성에 대한 사랑으로 괴로워하시고 심히 슬퍼하시는 '하나님의 파토스'는 점점 깊어만 갑니다. 그리고 그분의 '공의'까지도 막으시며 우리를 하나님 아버지의 품으로 다시 인도하시는 것입니다. 한 영혼을 향하신 하나님의 뜨거운 사랑의 결정이 '파토스'와 함께 하십니다.

우리는 '파토스'를 창조주요, 절대주권을 가지신 신실하신 하나님께서 자비롭게 돌보시는 뜨거운 사랑이라 확신 있게 말할 것입니다. 이제 우리를 향하신 하나님의 파토스를 은혜의 돌봄과 사귐의 손길로행동 명명 합니다. 그리고 하나님의 '파토스'를 깨달아 하나님을 더욱 사랑할 것입니다. 이것이 사람을 사랑하시는 하나님의 사랑에 유일하고 합당한 반응이 될 것입니다.

온 백성을 향하여 생생하게 다가오시는 하나님은 우리 가운데 계시며 사람들의 역사 안에서 행동하시는 무한한 사랑을 보여주십니다. 요한 칼빈은 하나님의 은혜 언약으로 구약과 신약을 하나로 묶으셨다고 말합니다. 그렇기 때문에 개혁주의 전통에서도 하나님 중심적인 그리스도를 전하며, 동시에 삼위일체적인 신앙의 눈으로 성경을 보게 하는 것입니다.

성경 안에서 그의 자녀를 훈계시고, 책망하시고, 경고하시고 탄원하며 격려하시고, 낙담하시는 하나님, 그리고 결론적으로 예수 그리스도 안에서 최고의 파토스를 깨닫게 하시는 진정한 하나님을 만납니다.

사람으로 오셔서 우리와 함께 하시는 하나님이야말로 살과 피를 지닌 채 우리의 웃음과 눈물, 기쁨과 비통, 분노와 좌절 속에 계시는 우리들 가운데 함께 하시는 하나님의 파토스 이신 것입니다.

그러나 파토스는 결코 무모한 감정이 아닙니다. 어떤 목적을 품고 이루어지는 행동이며, 자유 의지로 결심하고 결정한 결과를 표현할 때 사용됩니다. 여러 가지 모양과 방법으로 사람들에게 하나님의 파토스를 드러내시며 그 뜻을 이루어 가십니다.

숨어 계시는 하나님이 아니라 자신을 낮추어 사람에게 다가오시는 하나님이시며, 자신을 사람의 언어와 사람의 형태인 '신인동형론적' 묘사로 나타내십니다. 하나님의 파토스란 표현은 인간의 감정을 신에게 적용하는 신인동형론적인 어법입니다. 즉 은유적이며 회화적인 표현방식으로 하나님의 파토스를 알게 하시는 것입니다. 그래서 아브라함 헤셀은 하나님의 신인동형론적 표현의 적절한 열쇠는 '하나님의 파토스' 라고 주장 했습니다. 절대로 하나님을 인간화 하려는 무모한 표현이 아니고, 오히려 하나님을 살아 있는 인격체로 인간에게 근접시키려 한 것입니다.

또한 성경의 저자들은 하나님의 존재를 전달하기 위하여 '신인동형론적' 언어를 사용해야만 했음을 기억해야 합니다. 하나님을 지칭하는 이름들 역시 지상적이고 인간적인 관계에서 나옵니다. 성경은 하나님을 '엘' ,강한자 '엘 샤다이' ,전능자 '야웨' 스스로 있는 자로 말하며 인간관계에 근거해 오직 은유적 표현들인 '아버지' , '아들' , '신' , '선하시고' , '자비롭고' , '은혜로우시며' , '거룩하시고' , '의로우신' 등이 사용됩니다.

피조물에게 해당하는 것을 하나님께 적용함이 여기에 멈추지 않고 사람의 기관, 지체, 감각, 감정들로 강하게 표현됩니다. 그래

서 하나님이 마음을 가졌다고 하는 것입니다. 레26:11

특정 직분이나 직업관계 등의 표현도 있습니다. 이것을 통해 모든 자연 만물과 우주적인 하나님의 창조의 섭리대로 하나님의 파토스를 알고 깨닫게 되는 것입니다. 성경 속에 나타난 신인동형론적 표현을 통해 하나님의 파토스를 깨달아야 합니다.

첫째, 지체를 지칭하며 나타내시는 하나님의 파토스를 찾아볼 수 있습니다.

- 얼굴 - 그 때에 볼 수 있는 하나님의 '얼굴' (계22:4)
- 눈 - 인생을 통촉하시고 감찰하시는 '눈' (시11:4)
- 그 눈의 눈동자 - 황무지와 짐승이 부르짖는 광야에서 만나 주시고 호위하시며 보호하시는 '눈동자' (신32:10)
- 귀 - 기도를 들으시는 '귀' (시55:1)
- 입 - 말씀을 내시며 지혜의 오묘를 보이시는 '입' (욥11:5)
- 혀 - 진노로 맹렬한 불같은 '혀' (사30:27)
- 등 - 진노의 재난 날에 '등' 을 보이시는 하나님(렘18:17)
- 팔 - 도우시는 크신 '팔' (출15:16)
- 손 - 모든 것을 응하게 하시는 하나님의 '손' (민11:23)
- 오른손 - 이스라엘을 애굽에서 인도하여 내신 '오른손' (출15:12)
- 마음 - 죄악이 관영함을 한탄하시는 하나님의 '마음' (창6:6), 측은한 긍휼의 '마음' (렘31:20)

• 자비와 긍휼 - 하늘에서 베푸시던 간곡한
'자비와 긍휼' (사63:15)

• 발-하나님의 보좌는 하늘이요 땅은 '발등상' 이니(사66:1)

둘째, 감정으로 표현하시는 하나님의 파토스를 찾아볼 수 있습니다.

• 기쁨 - 신랑이 신부를 기뻐함 같이 자녀를 '기뻐' 하시는
하나님(사62:5)

• 즐거움 - 새 하늘과 새 땅을 '즐거이' 창조하시며 그 백성을
기뻐하시는 하나님(사65:17-19)

• 슬픔 - 광야에서 반항하는 백성 때문에
'슬퍼하시는' 하나님(시78:40)

• 분노 - 우상을 섬김으로 '노' 하시는 하나님(렘17:18-19)

• 공포 - 분노의 불로 음부 깊은 곳까지 사르며 땅의 소산을
삼키는 재앙과 '공포' 의 하나님(신32:22-23)

• 질투 - 하나님을 잊은 무심한 백성에 대한 '질투' 를 일으키는
하나님(신32:21)

• 후회 - 모든 계획이 악함으로 사람 지으심을 '후회' 하시는
하나님(창6:6)

• 미워함 - 우상을 '미워' 하시는 하나님(신16:22)

• 진노 - 야웨와 그 기름 받은 자를 대적함을 '진노' 하시는
하나님(시2:5)

• 원수 갚음 - 보수는 내 것이라 하며 '원수' 갚아 주시는

하나님(신32:35)

셋째, 사람의 행동으로 나타내시는 하나님의 파토스를 찾아볼 수 있습니다.

- 앎 - 소돔과 고모라의 죄를 직접보시고 '알려' 하시는 하나님(창18:21)
- 감찰 - 사람의 심장을 '감찰' 하시는 하나님(시7:9)
- 기억하심 - 아브라함과 이삭과 야곱에게 세운 언약을 '기억' 하시는 하나님(출2:24)
- 부르심 - 없는 것을 있는 것 같이 '부르시는' 하나님(롬4:17)
- 명하심 - 구름을 '명하여' 비를 주관하시는 하나님(사5:6)
- 꾸짖음 - 대적들을 '꾸짖으시는' 하나님(시18:15)
- 응답 - 부르짖음에 '응답' 하시는 하나님(시3:4)
- 쉬심 - 창조 후 '쉬신' 하나님(창2:2)
- 일하심 - '일하시는' 하나님(요5:17)
- 보심 - 창조 후 '보시고' 심히 좋아하시는 하나님(창1:10)
- 들음 - 고통 소리를 '들으시는' 하나님(출2:24)
- 감찰 - 의인을 자세히 '살피시는' 하나님(시11:4)
- 앉으심 - 영원한 보좌에 '앉으신' 하나님(시9:7)
- 오심 - 계명을 주시려 '오셔서' 만나 주시는 하나님(출25:22)
- 행하심 - 함께 '행하시는' 하나님(레26:12)
- 내려오심 - 사람들의 어리석음을 직접 보러 '내려오신' 하나님(창11:5)

• 넘어가심 - 재앙이 멸하지 않게 '넘어가시는' 하나님(출34:1)
• 쓰심 - 직접 돌판에 '써' 주시는 하나님(출34:1)
• 치심 - 그 입의 막대기로 세상을 '치시는' 하나님(사11:4)
• 징계 - 단련시켜 가르쳐주시는 하나님(신8:5)
• 고치심 - 상심한 자를 '고치시며' 상처를 싸매어 주시는
하나님(신8:5)
• 생사주관 - '죽이기도' 하시고 '살리기도' 하시는
하나님(신32:39)
• 씻기심 - 얼굴에 눈물을 '씻기시는' 하나님(사25:8)
• 죄를 사하심 - 죄를 깨끗이 '제하시는' 하나님(시51:2)
• 노래 - '노래'가 되시는 하나님(사12:2)
• 입히심 - 구원으로 '입히시는' 하나님(시132:16)
• 판단 - 진실로 땅을 '판단' 하시고 심판하시는 하나님(시58:11)
• 구속자 - 거룩한 '구속자' 하나님(사41:14)

넷째, 특정 직분, 직업 관계로 표현되신 하나님의 파토스를 찾아 볼 수 있습니다.

• 신부와 신랑 - 구원의 옷, 의의 겉옷으로 치장한 '신부'와
보석으로 치장한 '신랑' 같으신 하나님(사61:10)
• 입법자 - '입법자'이시며 우리를 구원하실 하나님(사33:22)
• 용사 - 전쟁에 능하신 '용사'이신 하나님(출15:3)
• 건축자 - 친히 영원한 성을 세우시는 '건축자' 하나님(히11:10)
• 야경꾼 - 등불 들고 동네를 도는 '야경꾼' 하나님(습1:12)

- 농부 - 포도원을 관리하시는 '농부' 하나님(요15:1)
- 목자 - 부족함 없이 양 무리를 인도하는 '목자' 되시는 하나님(시23:1)
- 아버지 - 자녀들을 사랑하며 관심을 갖고 돌보시는 아버지 (신32:6, 사63:16, 렘3:4, 호11:3, 말1:6, 눅15:11, 눅11:2, 롬8:15, 갈4:6)
- 어머니 - 젖 먹는 자식을 잊지 못하는 '어머니' 하나님(사49:15)
- 애인 - 실연한 '애인' 하나님(사5:1-7)
- 토기장이 - 진흙을 빚으시는 '토기장이' 하나님(사64:8)
- 남편 - 집 나간 아내를 찾아 헤매는 '남편' 하나님(호1-3장)
- 이발사 - 백성을 머리털과 발털, 수염을 깎으시는 '이발사' 하나님(사7:20)
- 재판장 - 공의를 나타내는 '재판장' 하나님
- 지게꾼 - 날마다 우리의 짐을 져주시는 '지게꾼' 하나님(시68:19)
- 왕 - 이스라엘을 왕비로 삼으신 '왕' 이신 하나님(겔16:13)

다섯째, 자연 만물로 나타나시는 하나님의 파토스를 찾아볼 수 있습니다.

- 사자 - 큰 사자와 젊은 '사자' 처럼 싸우시는 하나님(사31:4)
- 독수리 - 날개 위에 새끼들을 나르는 '독수리' 처럼 이끄시는 하나님(신32:11)
- 양 - 도수장 털 깎는 자 앞에서 잠잠한 '양' 같으신 하나님(사53:7)

- 암 닭 - 그 새끼를 날개 아래 모으는 '암 닭' 같으신 하나님(마23:37)
- 새벽별 - 광명한 '새벽별' 이신 하나님(계22:16)
- 빛 - '빛' 이신 하나님(시27:1)
- 불 - 소멸하는 '불' 이신 하나님(히12:29)
- 근원 - 생수의 '근원' 이신 하나님(렘2:13)
- 생수 - '생수' 이신 하나님(요4:10)
- 떡 - '떡' 이신 하나님(요6:35)
- 반석 - '반석' 이신 하나님(신32:4)
- 은신처 - '은신처' 이신 하나님(시119:114)
- 산성 - 압제당하는 자의 '산성' 이신 하나님(시9:9)
- 그늘 - 전능한 '그늘' 되시는 하나님(시9:1, 121:5)
- 길 - '길' 이신 하나님(요14:6)
- 성전 - '성전' 이신 하나님(계21:22)
- 종기, 부스럼 - '종기' 처럼 나타나신 하나님(호5:12)
- 비 - 풀에 내리는 비 같음, 땅을 적시는 '소낙비' 같은 하나님(시72:6)
- 요새 - 견고한 '요새' 이신 하나님(삼하22:33)

이러한 표현 방식들은 하나님의 성품이 갖는 다양한 측면을 나타냅니다. 감히 다 표현 할 수 없는 인간적인 한계 안에서 표현해 주십니다. 구약 안에는 창조주 하나님을 알게 하는 인간적 언어와 인간적 형태가 풍성한 반면 신약에서는 그 표현이 급격히 절제되어 있습니다. 이는 하나님의 아들이신 예수님께서 직접 오시어 함께 하셨기 때문입니다. 더 이상의 표현이 중요치 않았습니다. 그대로 자신을 드러내셨기 때문입니다. 피조물인 인간에게 하나님이 하나님 되심을 알리시는데 주저함이 없으십니다. 이렇게 나열된 모든 표현 속에 하나님은 지성이나 의지뿐 아니라 우리를 향하신 '파토스' 를 소유하고 계시며 일반적인 은혜로 아낌없이 쏟아 붓고 계신 것입니다.

여기에 헤르만 바빙크는 하나님의 말씀인 성경은 신지식을 묘사하기 위해 피조세계 전 영역, 특히 사람들을 다 불러내셨다고 하였습니다. 이처럼 '신인동형론' 은 끝이 없는 듯합니다. 하나님의 높으신 위엄을 드러내시기 위해 유기적, 비유기적인 온갖 피조물에서 그 이름을 끌어오고 있습니다. 비록 그 자신으로서는 '이름' 이 없으실지라도 계시에서는 '많은 이름' 을 가지셨다고 말할 수 있는 것입니다. 이것은 단순히 성경이 상당한 신인동형론적인 표현을 가지고 있다는 정도가 아니라, 오히려 모든 성경이 '신인동형론' 이라는 뜻이 됩니다.

요한 칼빈John Calvin도 이러한 진리를 거듭 강조 합니다. 하나님은 우리에게 자신을 드러내실 때 그의 언어를 우리의 언어로 맞추셨다고 말하며, 우리의 이해 수준까지 내려오신 하나님의 은혜를 말합니다. 눈높이 언어 행위를 보이신 것입니다. 마치 갓난아이에게 말하듯이 우리에게 말씀하시는 하나님은 모든 성경 속에서 그렇게 표현된다고 말합니다.

루이스 벌코프Louis Berkhof 역시 자신을 제한시키어 인간의 의식

속에서 사람의 언어로 말씀하셔야 했던 그 백성을 향하신 하나님의 뜨거운 사랑에 입을 모읍니다.

이렇게 성경의 모든 표현들이 우리를 향하신 '신인동형론적' 인 계시라고 본다면 그 안에서 우리를 향하신 모든 표현들 역시 하나님의 파토스로 보게 될 것입니다. 이것을 통해 하나님을 바르게 알게 될 것입니다.

하나님의 파토스는 우리를 깨워 성경을 보는 또 다는 눈을 가지게 할 것입니다. 성경 신학이 성경을 통해 하나님을 배우고, 알고, 느끼는 신학이라면 하나님의 파토스는 진정한 '성경 신학' 이라 할 수 있을 것입니다.

그리고 하나님의 파토스를 알면 하나님의 고통을 함께 겪고, 하나님의 분노를 같이 경험하며 그의 사랑과 기쁨에 동참하게 됩니다. 은혜의 돌봄과 사귐의 행동이 가득한 하나님의 파토스를 읊조리며 하나님의 사랑에 빠지게 될 것입니다. 영혼의 깊은 곳에서부터 흘러나오는 맑은 가락으로 기쁨이 충만해질 것입니다. 앞서 말한 바와 같이 하나님의 초월성과 내재성의 양면적 이해는 분명하나 감히 하나님을 더 바르게 알아가기 위해 우리의 눈높이로 주신 성경을 사랑하며 그 안에 넘쳐나는 하나님의 파토스에 회개와 감사로 빠져들게 됩니다.

모세를 통해 하나님의 말씀을 기록하여 읽을 수 있도록 계시하셨고, 예수님을 통해 관계를 맺으시는 하나님을 알려 주셨습니다. 가능한 모든 방법으로 하나님을 설명하셨습니다.

이제 우리는 계시하신 말씀 속에서 하나님을 자세히 들여다보며 하나님을 알게 되길 간절히 원해야 합니다. 그리고 그 간절한 바라봄이 성경 66권에 있기에 더욱 성경을 읽어야 합니다. 그 속에 하나님의 파토스를 깨달아 그 사랑에 하나 되는 백성이 되길 바라는 성경 사랑의 지침서로 그 소임을 다하기를 원합니다. 결국은 성경을 통해 하나님을 알고, 인격적이고 진실하게 하나님을 높이는 기쁨의 삶을 살게 될 것입니다.

지금까지 안타깝게도 많은 성도들이 성경 문맹이라는 모습으로 하나님을 알고 그렇게 믿으려고 합니다. 마치 맹인들이 코끼리를 만지고 이야기 하려 할 때, 서로 다른 부위를 만지며, 커다란 코끼리의 모든 것을 다 아는 것처럼 쉽게 단정 지을 수 없는 것처럼, 성경의 한 부분이 하나님의 모두 인 것처럼 단정 지을 수는 없는 것입니다.

그렇기 때문에 하나님 앞에 은혜를 입은 자녀인 동시에 말씀을 맡은 목회자로서 최상의 선물인 말씀을 통해 하나님을 배워가는 기쁨을 전해주어야 할 책임을 가진 것입니다. 다행히도 수많은 성경 연구자들의 도움을 받아 진리를 전하고, 우리 하나님 아버지의 마음을 조금이라도 헤아릴 수 있는 은혜에 이르게 되니 이보다 더 큰 기쁨은 없을 것입니다. 이제 성경 안에서 말씀과 행동이 하나이신 하나님을 만나야 합니다. 그리고 구약과 신약 안에서 생생하게 살아계신 하나님을 뜨겁게 전해야 합니다.

구약 성경이 하나님의 부르심과 은혜의 돌봄, 그리고 사귐의 손길을 기록한 역사이며 하나님의 파토스에 대해 그의 백성들이 어떻게 반응하였는가를 보여주는 장엄한 증언록이라면, 신약 성경은 이러한 하나님이 친히 사람으로 오셔서 그의 백성들을 돌보시고 사귀어 주시려고 위대한 사랑의 결정체가 되신 하나님의 파토스입니다.

이토록 창세기부터 요한계시록까지 우리를 사랑하시기 때문에 성경을 주셨다면 즐거워하며, 읊조려야 합니다. 성경을 사랑해야 합니다. 그러나 우리의 일반적인 핑계가 있으니 너무 광범위하고 어렵기 때문입니다. 사실, 보다 확실한 이유는 하나님을 사랑하지 않기 때문인데 말입니다. 우리의 연약한 모습에 대한 경험은 피차 일반 입니다. 지금까지 부끄러운 모습을 돌아보며 마음을 새롭게 해야 합니다.

성경 읽기의 첫 시작은 역시 창세기부터 입니다. 창세기부터 신명기까지의 모세오경 중, 창세기는 처음에 있고 또 익숙한 이야기가 많이 있어서 읽기는 읽지만 창세기를 통해 우리에게 말씀하시는 하나님의 중심된 뜻은 알지 못하고 개인의 목적과 필요에 따라, 아니면 재미있어서 그저 읽을 뿐입니다. 그나마 창세기는 끝까지 읽기라도 하지만 출애굽기의 성막부터는 피하려고 하고, 더 나아가 레위기에 들어서면 아예 쓰러지려고 합니다. 그리고 민수기와 신명기는 앞에서 힘을 소진 했기에 읽을 힘이 없어서, 아니 지겨워졌다는 이유로 읽지 않습니다. 그러니 하나님의 파토스는 관심이 없습니다.

어찌되었건 모세 오경이 넘어가면 여호수아, 사사기, 룻기가 나오는데 일단 쉽고 재미있어서 잘 읽습니다. 하지만 커다란 전쟁

이야기에 가려 가장 중요한 '하나님의 파토스'를 그냥 지나치는 실수를 저지르기도 합니다.

그 다음은 사무엘서, 열왕기서, 역대기서가 나오는데 너무나 이야기가 길고 지루해서 건성건성 읽게 됩니다. 중간 중간에 다윗 왕이나 솔로몬 왕 이야기는 영웅적인 내용에 생동감이 넘치지만 얼마가지 않아 똑같은 내용으로 인하여 지루해하며 하나님의 파토스는 알 수가 없습니다.

그리고 에스라, 느헤미야, 에스더가 나오는데, 감동적이기는 한데 내용이 너무나 어렵고 어떠한 시대적 상황에서 펼쳐졌는지 하나님의 파토스는 어떠한지 이해할 수 없습니다. 그러나 우리에게 쉼과 노래가 찾아오는데 욥기, 시편, 잠언, 전도서, 아가서입니다. 쉬는 것도 잠시 웃으면서 읽다가 이해 못해서 나오는 곳이 바로 5권의 시가서 내용들입니다. 쉽지만 만만하게 봐서는 안 되는 시가서, 여기서도 하나님의 파토스를 놓치고 맙니다.

어찌되었든 잠시 쉼을 얻고, 앞을 향해 나아가려 합니다. 그러나 앞에는 한 번도 가보지 않았던 숲들과 높은 산들이 나오는데 무려 17개나 나옵니다. 산 하나도 넘기가 힘이 드는데 17개라는 예언서가 우리를 긴장하게 합니다. 17개의 산과 봉우리는 각 나름대로의 특징과 내용을 알지 못하고서는 감히 올라 갈수가 없습니다. 그러므로 대부분의 사람들이 주변에서 맴돌다가 아니면 입구까지 왔다가 그냥 돌아올 수밖에 없는 안타까운 처지가 되고 맙니다.

이와 같이 하나님의 파토스를 깨닫지 못하는 우리의 어리석음이 하나님을 침묵하게 만듭니다. 그리고 신약이 펼쳐집니다. 구약의 상처를 극복하고 누구나 새로운 마음으로 시작할 수 있는 곳입니다. 그러나 처음부터 낳고, 낳고 또 낳고를 반복하며, 더 심하면 매년 낳다가 쓰러집니다. 하나님의 파토스는 관심 밖의 일이 되었습니다. 혹시 낳기를 끝내면 똑같은 내용의 산인 마태, 마가, 누가 복음이 나와 이 산인지, 저산인지 혼란을 겪게 됩니다. 힘들게 산을 넘었지만 어떤 산을 어떻게 넘었는지는 말할 수 없습니다.

잠시 쉬고 요한복음이 나오는데 앞에서 넘었던 산들과 차이는 없는 것 같지만 막상 들어가면 바다의 깊이를 가늠할 수 없음을 깨닫고 허무하게 나오게 됩니다. 도대체 나에게서 하나님의 '파토스'는 왜 멀리 있게 되는 것일까? 그나마 다행입니다. 힘을 얻을 수 있는 사도행전이 나옵니다. 여기서는 힘도 얻고 능력을 구할 수도 있습니다. 그러나 힘을 얻지만 지리와 지형과 수역으로 어려운 난관 때문에 빨리 뛰어 나오게 만듭니다. '하나님의 파토스'는 여기 있는데 우린 도망만 갑니다.

그리고 로마서부터 빌레몬서까지 바울의 편지가 나옵니다. 읽기는 쉽지만 헬라 문학의 진수를 맛보는데 너무 내용이 깊어서 잘못하면 헤매기 쉽습니다. 그러므로 좋은 내용만 급히 읽고, 또 도망 나와야 합니다. 그리고 히브리서부터 유다서까지 여러 사람의 편지를 읽게 됩니다. 믿음으로 쉽게 읽지만 결코 만만한 내용은 아닙니다. 마지막으로 요한 계시록인데 3장까지 얼른 열었던 것을 닫아버립니다. 너무 어렵거든요. 이처럼 성경은 정말로 어려운 책입니까? 아니면 이해할 수 없는 어려운 이야기입니까? 하나님께서 우리를 사랑하신다는 뜨거운 내용인데 우리는 꽁꽁 얼어버리고 맙니다. 너무나 괴롭고 답답합니다. 우리가 제일 사랑하는 그분의 글을 읽을 수도 없고, 간절한 하나님의 '파토스' 를 깨닫지도 못합니다.

우리의 각 지체들이 모여 한 몸을 이루는 것처럼 심장만 살았다 하여 건강하다 말하지 않습니다. 우리의 몸은 각 지체들이 있어 제 기능을 해 주어야 온전함을 이룰 수 있습니다.

심장이 살아 있어야 살아있는 사람이라고 말할 수 있으나 자기 지체를 소홀히 여기거나 그 가치를 업신여긴다면 온전한 사람이 아닙니다. 이와 같이 복음을 믿어 새 생명으로 예수님의 생명을 얻었으나 각 지체들인 구약39권과 신약 27권을 합한 66권 중 어느 한 곳이라도 무시되거나 외면당해서는 안 되는 것입니다.

성경그리스도인들의 신앙과 삶의 유일한 규범-성경의 권위성 66권 모두를 통해 건강한 신앙생활을성경의 필요성- 구원과 영적 성장의 필수품 해야 합니다. 이것이 66권인 동시에 온전한 한권인 성경으로 알 수 있는 유일한 길이 되는 것입니다. 하나님의 사랑에 깊이 들어가길 원합니다.

성경 66권의 원 저자인 하나님께서는 1,600여 년 동안 40여명의 성경 기자들을성경의 완전 축자 유기적 영감 통해 하나님을 보여주십니다. 그리고 성경 66권의 개요를 살필 수 있는 신학을 주셨습니다. 각 권의 내용을 알고 읽는 다면 하나님의 말씀이 살아서 역사를 이루실 것입니다. 불 일듯 일어나는 하나님의 파토스에 집중하며 자신을 하나님께 내어드리게 될 것입니다.

이렇게 성경 66권의 개요를 알아 하나님의 파토스를 깨닫게 된다면 더욱 즐거운 마음으로 성경을 읊조릴 수 있을 것입니다.

모세오경을 통하여 하나님이 하나님 되심을 드러내시며 하나님과 함께 할 사랑의 법을 은혜로 내려주십니다.

창세기는 '스스로 존재' 하시는 야웨 하나님이 모든 만물의 창조주이심을 선포하며, 특별하게 창조한 피조물인 인간과의 끊임없는 관계를 보여주십니다. 그 속에서 선택한 족장들을 통해 언약을 이루어지는 하나님의 파토스에 감격하며 창세기를 읊조립니다.

출애굽기는 고통 속에서 신음하는 백성가운데 약속을 기억하시고 찾아 오셔서 함께임재 하시며 율법수여를 통해 하나님을 알게 합니다.

레위기는 죄를 지어 거룩하신 하나님 앞에 가까이 할 수 없는 인간에게 하나님을 만날 수 있는 은혜의 제사법을 가르쳐주시며 거룩한 백성으로 거룩한 삶을 살아야 함을 가르쳐줍니다.

민수기는 배신과 반역으로 얼룩진 광야의 여정 속에서도 긍휼과 자비를 잊지 않으시고, 대를 잇는 거룩한 백성으로의 규례를 주시며, 약속의 땅을 향한 소망을 주십니다.

신명기는 거듭 강조하여 들려주는 계명으로 율법 준수를 통해 약속의 땅에서 형통을 가르쳐줍니다. 마음을 다하고 목숨을 다하여 하나님만 섬기고 사랑하라는 언약갱신의 가르침을 배웁니다.

그리고 역사서를 통해 기쁨으로 하나님의 뜻을 받아들여 '삶의 길' 을 택하는 백성에게 언약대로 역사를하나님이 인간의 무대에 나타나심 주관하시는 하나님을 가르쳐줍니다.

이에 **여호수아**는 그 백성에게 약속하시고 그것을 지키시며 이루시는 하나님의 사랑과 은혜를 배웁니다.

사사기는 친히 '사사'가 되신 이스라엘의 유일한 구원자 하나님께서는삿11:27 이스라엘의 상습적인 범죄에일곱 번의 배교 공식, 언약을 파기함 징벌하시고, 또한 압제자에게서 끊임없이 구원하시며 그들을 친히 다스리시는 긍휼히 풍성한 하나님의 자비하심을 배웁니다.

룻기는 하나님의 백성들의 역사 속에 이방 민족을 향한 하나님의 은혜와 자비를 통해 위대한 왕을 주시기 위한 하나님의 돌보심을 보여주십니다.

사무엘서는 신정적인 왕정으로의 전환과 확립 가운데 다윗 왕국이 어떻게 뿌리를 내렸는지를 보여주시며, 기도를 들어주시고 감찰하시는 하나님을 가르쳐줍니다.

열왕기는 신명기의 가르침을 통해 백성들에게 과거의 죄를 회개하라고 촉구하며 왜 가나안 땅에 세운 이스라엘 왕국이 우상숭배 때문에 망할 수밖에 없었는지를 보여줍니다. 다시 하나님께로 돌아가면회개하면 하나님께서는 언제나 은혜를 베풀어 주신다는 것을 가르쳐줍니다. 그리고 하나님께서 개인의 삶과 왕국의 운명뿐만 아니라 세상의 역사를 절대 주권적으로 다스리고 계심을 가르칩니다.

역대기는 포로에서 돌아오는 회복 공동체에게 과거의 죄를 짓기는 했지만 유다 백성이 하나님의 목적을영광 이루기 위해 하나님의 선택하신 백성임을 강조하며 성전공동체에게 희망을 가르쳐줍니다.

에스라는 포로귀한 약속의 성취와 성전 재건을선민의 역사회복 통해 귀환 한 포로공동체에게 하나님께서 함께하심과 유다 공동체의 회복을 증거하며 희망을 줍니다.

느헤미야는 하나님의 도우심으로 무너진 성벽과 예루살렘을 구별하여 재건하고 철저하게 율법을 준행할 것과 신앙을 개혁하여 이스라엘이 다시 한 번 새 언약을 세우고 그 언약을 지키는 삶을 살 것을 가르칩니다.

에스더는 세상 역사는 우연의 법칙에 다라 움직이는 것이 아니라 우주의 주권자이신 하나님의 섭리를 따라 움직이며, 인간의 역사를 주관하시는 하나님의 뜻과 섭리로 그분의 백성을 보호하고 계심을 알게 하십니다. 또한 메시야의 족보가 계속되고 있음을 깨닫게 합니다.

그리고 시가서를 통해서는 인간이 세상을 지혜롭게 사는 방법이 하나님을 의지하며 신뢰하는 것임을 가르쳐 줍니다.

욥기는 의인의 고난도 하나님의 섭리에 포함되며 하나님 주권에 대한 인간의 갈등은인과응보 창조주 하나님과의 온전한 관계를 통해 해결된다는 것을 알려줍니다.

이에 **시편**은 언약백성인 우리가 하나님께 어떻게 반응할 것인가를 가르치는 유일한 하나님의 말씀으로, 신앙의 길을 가는 사람들이 어떠한 길을 걸어야 하는지, 걸어가면서 만나게 되는 일을 어떻게 극복해야 하는지, 야웨의 길로 걸어간다는 것이 무엇을 의미하는지, 신앙 순례를 하는 길의 마음 자세와 어떻게 하나님께 기도

하며 찬양해야 하는지를 가르쳐 줍니다.

잠언은 의인화 된 지혜가 '야웨' 로부터 오며 지혜의 여인으로 사귀시는 하나님의 친밀함을 나타냅니다.

전도서는 인생의 가치는 하나님과의 관계에 의해 좌우되므로 하나님을 경외하는 것이 삶의 이유라 가르치며 하나님으로부터 오는 선물들을 날마다 즐거움으로 받아들이는 '겸손' 의 덕을 배우고 실천해야 한다는 것을 가르칩니다.

아가서는 지혜와 남녀 간의 사랑, 모두가 창조주 하나님의 선물로서 감사와 찬양으로 받아들여야 할 것들임을 말해주고 있습니다.

그리고 예언서들은 말씀하시는 하나님, 심판하시는 하나님을 나타내시며 말씀을 맡아 전하는 예언자를 통해 하나님의 백성들이 겸손히 순종하기를 원하십니다.

이에 **이사야**는 기울어져 가는 유다 왕국의 장래를 바라보면서 하나님을 의지하지 않는 유대 백성의 경성과 회개를 촉구하기 위해 구원이란 하나님의 은혜로 말미암는 다는 진리를 가르치며 하나님을 의지하도록 권면합니다.

예레미야는 심판의 하나님과 사랑의 하나님의 신적 자아를 볼 수 있는데 하나님은 비록 죄 가운데 심판하셔서 매를 든다 하더라도 심판당하는 자의 고통에 공감하시는 하나님의 파토스를 보여줍니다. 변절한 유다로 하여금 심판의 선포를 듣고 하나님의 뜻에 복종케 함으로 닥쳐올 재난을 피할 수 있도록 이끌어 주십니다.

예레미야 애가는 과거 비극을 교훈함으로 하나님을 믿는 신앙을 회복할 때 희망찬 미래가 있을 것을 가르칩니다.

에스겔은 바벨론의 포로 된 이스라엘에게 죄 때문에 재앙이 임했다는 교훈을 각성시켜 주는 것과 그럼에도 불구하고 하나님께서는 자기 백성을 영원히 버리지 않고 다시 회복시키실 것이므로 절망적인 환경 속에서도 희망을 잃지 않도록 격려합니다.

다니엘은 온 세상을 다스리는 하나님의 주권과 섭리하심을 선포하므로 환난과 핍박 가운데서도 하나님의 백성이 역사의 주인되신 하나님의 손길을 참고 기다릴 때 큰 축복으로 갚아 주실 것을 가르쳐 주십니다.

호세아는 이스라엘 백성들의 죄악을 경고하는 가운데 하나님으로 말미암은 심판의 확실성과 그분의 신실한 사랑과 긍휼을 보여줍니다.

요엘은 하나님의 백성들에게 구원의 큰 기쁨의 날인 '여호와의 날' 에 회개하지 않고 죄에서 돌이키지 않는다면 무서운 심판의 날이 될 수밖에 없음을 알리십니다. 재난이 주는 심각한 경고를 통해 백성들로 하여금 하나님을 바라보고 그분께로 돌아오도록 촉구합니다.

아모스는 진정한 예배자가 되어 공법을 강물같이 정의를 하수같이 흐르게 하라는 사자처럼 포효하는 하나님의 말씀을 배우게 합니다.

오바댜는 형제를 사랑하지 못하고 특히 하나님을 대적하는 자들에게 반드시 그 행위대로 보응하신다는 점과 비록 택한 백성이라 할지라도 범죄 할 때에는 징계하시지만 결코 완전히 버리지는 않으신 하나님의 은혜를 가르칩니다.

요나서는 잘못된 선민사상과 민족적 편견을 버리고 온 백성을 사랑하시는 하나님의 살아 계심과 주권자 되시는 하나님을 알게 하십니다.

미가는 하나님의 공의의 심판 앞에 선을 행하며 겸손히 하나님과 동행하라고 일깨워줍니다.

나훔은 하나님께서 모든 민족과 국가의 '주'가 되심을 가르칠 뿐 아니라 불의한 국가와 부패한 백성은 반드시 패망케 된다는 사실을 보여 줍니다.

하박국은 비록 불의가 선보다 득세하는 것 같아 보여도 그 배후에는 여전히 하나님께서 살아 계셔서 모든 역사를 주관하고 계신다는 사실과 결국에 죄인은 하나님의 심판을 받게 되지만 오직 의인은 믿음으로 말미암아 살게 된다는 점을 강조합니다.

스바냐는 참혹하고 두려운 여호와의 날이라는 임박한 심판을 경고함으로써 하나님께로 회개를 촉구함과 동시에, 죄지은 자기 백성에게 용서와 자비를 베푸시는 하나님의 구원을 가르칩니다.

학개는 성전 재건의 목적을 이루기 위해 백성들을 책망하며, 소망 없는 백성에게 용기와 격려를 주십니다.

스가랴는 하나님의 임재를 상징하는 성전의 재건을1차 포로 귀환자들의 성전 건축 성공적으로 완수하도록 권면하면서, 초림으로 하나님의 나라를 시작하고, 재림으로 하나님 나라를 완성하실 메시야의 구속사역과 공의로우신 통치를 예언합니다.

말라기는 백성들에게 포로 생활 중 몸에 배었던 모든 이방적인 잔재들을 떨쳐버릴 것을 강력히 촉구하면서 야웨께서 여전히 그들을 사랑하시며, 또한 그들과 맺은 언약을 지키시므로 백성들은 안일과 형식과 타성을 버리고 하나님께로 향한 순수한 신앙으로 돌아설 것을 경고하십니다.

그리고 신약의 복음서는 예수 그리스도 안에 나타난 하나님의 사랑의 파토스를 충만하게 보여줍니다.

이에 **마태복음**은 유대인과 이방인들에게 예수께서는 구약의 예언을 성취하신 분으로 진정한 메시야이심을 드러내며 또한 예수 안에 있는 통일성과 보편성을 강조하여 유대 그리스도인과 이방 그리스도인을 하나 되게 하십니다.

마가복음은 시시각각 다가오는 박해와 순교 앞에 하나님의 아들이신 예수님을 믿는 성도는 십자가를 질수 있어야 하며 고난 뒤에 올 영광의 부활을 제시함으로 고난 속에서 승리할 수 있는 믿음을 심어주고 있습니다.

누가복음은 데오빌로를 포함한 이방인 독자들이 복음을 바로 알아 믿음에 견고히 서게 합니다.

요한복음은 헬라 사고에 익숙한 독자들에게 예수님이 그리스도시며 하나님의 아들이라는 사실을 증거 하여 사람들을 그리스도를 믿는 데로 이끌고, 나아가 마침내 영생을 얻게 하려 하십니다.

그리고 역사서인 **사도행전**은 사도들과 다른 초대 교회 지도자들을 통해 그의 성령으로 역사하시는 주 예수 그리스도의 계속적인 행동으로 말미암아 복음이 예루살렘과 온 유대와 사마리아 그리고 땅 끝까지 전파되는 과정을 보여 줍니다.

13개의 바울 서신서 들은 복음의 진리이신 예수님을 통해 하나님을 바르게 알게 하고 교회를 온전케 하시기 위함임을 가르칩니다.

이에 **로마서**는 유대인과 이방인 즉, 모든 인류를 위한 '하나님의 구원 계획과 '하나님의 의' 를 보여줍니다. 또한 복음을 해석하여 소개하고 로마를 스페인 전도의 전초 기지로 삼고, 로마 교회내의 유대인과 이방인 간의 갈등과 알력을 해결 하십니다.

고린도전서는 고린도 교인들이 범한 교리적 도덕적 잘못과 고린도 성도들의 삶의 문제를 선교 적이고 목회적인 차원에서 바로잡고, 성도로서 가져야 할 삶의 원리인 사랑과 순결 그리고 소망과 희생의 자세를 제시합니다.

고린도후서는 예루살렘 성도들을 위한 구제 헌금의 모금과 바울 자신의 사도직 권위에 대한 변호를 보여주며 고린도 교회를 바르게 세워줍니다.

갈라디아서는 아브라함의 축복을 오직 유대인들에게만 한정시키려는 유대주의적인 선동자들의 선민적인 배타주의에 직면하여 그리스도를 믿는 믿음 안에서 유대인이나 이방인 모두가 한 아브라함의 가족이 되었다는 것을 강조합니다. 성령의 능력으로 율법 아래서 죄의 종노릇하는 자들이 율법의 거룩한 요구들을 성취할 수 있는 자유를 누리게 되었다는 것을 선포합니다.

에베소서는 '만물의 통일과 하나님의 새 인류' 라는그리스도 안에서의 통일 큰 틀에서 성도들의 구원과 교회의 설립, 목적을 다루고 있습니다.

빌립보서는 어려움을 당하는 교회가 기쁨으로 그리스도를 향한 일편단심을 지켜 교회를 향한 일치와 겸손한 신앙을 가지도록 권면합니다.

골로새서는 교회에 침입한 각종 이단 사상을 막기 위해 바울은 그리스도의 탁월성과 충족성을 가르치며, 기독론을 확립하고 그리스도 안에 거할 것을 권고 합니다.

데살로니가전서는 박해가운데 있는 교인들의 신앙을 격려하고, 경건한 삶에 대한 교훈을 주며, 바른 부활신앙으로 굳게 서기를 가르칩니다.

데살로니가후서는 핍박과 환난가운데서 믿음을 굳게 지키며, 특히 바른 재림관으로 거짓선생을 멀리하며 '주의 날' 을 간절히 사모하게 합니다.

디모데전서는 영지주의 이단을 특별히 경계하고 에베소 교인들을 윤리적으로 교육하며 교회 조직의 효과적인 운영과 올바른 목회 지침을 제시해 줍니다.

디모데후서는 당시 에베소 교회에서 활동하던 거짓 교사들로부터 복음의 진리를 지키고 디모데에게 복음 사역을 끝까지 감당할 수 있는 용기와 힘을 줍니다.

디도서는 그레데 교회내의 어지러운 질서를 확립하고 또한 이단 사이비를 척결하여 바른 신앙을 정립하게 합니다.

빌레몬서는 한 사람을 구원하기 위한 간절한 하나님 아버지의 사랑을 알게 하고, 복음 안에서 유대인과 이방인이 하나 되게 하신 것처럼 주인과 종이 하나 되게 하심을 가르칩니다.

히브리서는 신앙인의 삶이 깊은 수렁과 시련의 높은 파도 속에서 처절하게 고난 받지만 끝까지 하나님을 향한 충절을 잃지 않고, 하나님의 마지막 말씀으로 이 세상에 오신 대제사장이시며 새 언약의 중재자이신 예수님의 우월성과 절대성을 가르치는 생생하고도 눈물겨운 믿음의 이야기입니다.

야고보서는 유대교인들과 로마 제국의 가혹한 핍박에 직면하고 참된 사랑과 교제를 상실한 유대인 성도들에게 환난 가운데 인내할 것을 권면하며 믿음의 실천으로서 윤리적 의와 사랑의 교제를 회복하도록 촉구합니다.

베드로전서는 네로의 대 박해 전에 소아시아 지역의 교회 성도들에게 그리스도 안에서 구원의 소망에 대한 정체성을 가지고 고난을 인내하며 고난 중에서도 선행과 성결로 바른 신앙생활을 영위하도록 권고합니다.

베드로후서는 하나님 백성의 정체성을 가지고 영적 성숙을구주 예수 그리스도의 은혜와 저를 아는 지식 통하여 이단을 경계하도록 합니다.

요한일서는 예수님은 우리와 함께내재성 하시는 분일 뿐 만 아니라 하나님과 '함께' 초월성하시는 분이심을 나타내며 하나님의 자녀로서 '사랑' 과 '의로움' 을 가지고 빛 가운데 행하기를 가르칩니다.

요한이서는 예수 그리스도의 성육신을 부인하는 모든 이단 사상을 경계하면서 그리스도의 복음에 근거한 바른 신앙을 정립하고 계명의 핵심인 사랑을 실천하는 삶을 살도록 권면합니다.

요한삼서는 순회하면서 복음을 전하는 사역자들을 잘 대접하고 진리 안에 거하라고 권면하며, 반면에 교만하고 이기적인 자들을 책망하라고 가르칩니다.

유다서는 영지주의 자들의 육체적 정욕주의에 따른 생활, 영적 권위를 무시하는 경솔함과 비 경건한 삶을 지적하고, 그리스도인들은 끝까지 신앙을 지키며 정결하게 살아야 할 것을 강조합니다. 오직 말씀 안에 굳게 서서 믿음의 도를 지켜 이단에 넘어지지 않게 하십니다.

그리고 예언서인 **요한 계시록**은 교회의 영광을 바라보며, 외부의 핍박과 내부의 타락을 말씀으로 이기도록 가르칩니다. 신앙공동체는 외적인 핍박 상황에도 불구하고 역사에 절대적인 주권을 행사하시는 하나님을 믿게 하십니다. 현재는 고난을 당하나 하나님의 확실한 구원을 소유하고 있음을 깨닫고, 교회를 핍박한 자들에게 하나님의 심판이 임할 것을 가르쳐줍니다. 축복의 주인으로서의 교회의 현재와 미래, 여기와 저기에서의 모습을 보여줌으로써 교회를 강한 군사로 무장시킵니다.

이렇듯 상세하고, 생생하게 말씀하시며 은혜로 이끌어 주시는 성경을 우리는 너무 모릅니다. 안다고 해도 바른 진리에 목마른 시대에 살고 있습니다. 성경을 올바로 대하기 위해 성경의 배후에 계시는 하나님에 대해서 알아야 합니다.

어렴풋이 아는 것에서 벗어나 하나님을 눈으로 보듯이 그 '파토스'를 생생하게 알아가기를 바랍니다. 하나님은 이미 우리를 잘 알고 계시기 때문에 우리도 하나님을 잘 알게 되길 바라십니다. 하나님의 마음을 품어 하나님의 파토스를 함께 느끼며 누구나 성경을 사랑하고 읊조리게 하는 일에 일조하길 간절히 원합니다.

이제 한국의 모든 기독교 성도들은 66권 전체, '통 성경'을 통해 하나님을 사랑하는 뜨거운 체험을 하게 될 것입니다. 덮어 놓고 믿는다, 그냥 사랑한다 하지 말고 창세기부터 요한 계시록까지 활짝 열어 놓고 성경을 읽게 될 것입니다. 하늘 높은 곳에서부터 시작된 사랑의 파토스를 바라보게 될 것이며, 말씀이 육신이 되어 오신 깊은 사랑의 파토스를 깨닫게 될 것입니다. 구약의 높음과 신약의 깊음 속에서 영혼의 해갈과 참된 평안을 얻게 될 것입니다.

하나님의 사랑이 가득 흘러넘치는 신앙과 삶의 유일한 규범 성경을 통해, 살아계셔서 말씀하시는 하나님을 더 잘 알게 하고 느끼게 될 것입니다. 하나님의 말씀인 성경에 푹 빠져 그 돌봄과 사귐에 감동 할 것입니다. 하나님의 백성으로서, 성경적으로 생각하고, 성경적으로 말하고, 성경적 삶을 사는 것, 더 나아가 성경으로 웃고, 울 수 있는 성도가 될 것입니다.

16세기 종교개혁 운동이 '오직 성경'과sola scripture '전체성경'으로tota scripture 성경의 권위와 우위성을 강조하였다면 개혁신학의 중심지였던 스위스 취리히와 제네바의 설교자들은 회중의 삶을 위해 '성경으로부터 직접', 구약과 신약을 통 틀어서 하나님 말씀을 풀어 설교하기까지 하였습니다. 우리로 하여금 성경으로 돌아가라 하심은 오직 성경을 통해서만 온전히 계시하시고 자신을 나타내셨기 때문입니다. 그러므로 성경 안에서만 하나님을 알 수 있습니다.

중세 종교 개혁이 오직 성경의 재발견 이었다면 21세기 종교 개혁은 66권 성경을 통해 하나님을 바르게 알아가는 것입니다. 호세아는 하나님을 알도록 힘쓰기를 경고하며 회개를 촉구합니다.호6:3

성경 66권을 통해 하나님을 온전히 알아야만 우리의 인생이 바뀔 수 있습니다. 모든 답은 이 성경 안에 주셨습니다. 성도들의 합당한 삶 까지도 아낌없이 기록해주셨습니다. 그러므로 우리가 어둠 속에서도 노래 할 수 있는 이유가 바로 여기 있는 것입니다.

이제 하나님의 백성인 성도들이 그 말씀을 읽고 그 안에서 하나님의 사랑의 파토스를 느끼며 전심을 다해 하나님을 사랑하기를 바랍니다. 오직 성경 66권 전체를 통해 하나님의 은혜를 체험하며 믿음의 사람이 될 것입니다. 또한 하나님의 파토스를 깨달아 신실한 마음으로 하나님께 영광을 돌릴 수 있을 것입니다.

모든 좋은 것에 부족함 없이 주시는 하나님의 선하심을 맛보아 알고 그 맛을 함께 나누며 증인의 삶을 살게 될 것 입니다. 지금 역사하시는 성령님과 함께 움직이며 성경을 깨달아 하나님 사랑하시기를 시작할 때입니다.

하나님의 파토스 안에서 동행하며 성경 66권,온전한 한 권 창세기부터 요한 계시록에 묻어나는 하나님의 사랑이야기에 깊이 빠져서 읊조리기를 소망합니다.

2009년 9월

하나님의 파토스를 읊조리는 오강수 목사

창세기

선택받은 족장들을 통해 은혜 언약을 이루시는

하나님의 파토스

성경, 하나님의 파토스는

성경 66권을 통하여

은혜로 돌보시고

사귀어 주시는

하나님의 완전한

사랑이야기입니다.

창세기

선택받은 족장들을 통해 은혜 언약을 이루시는 창조주 하나님의 파토스

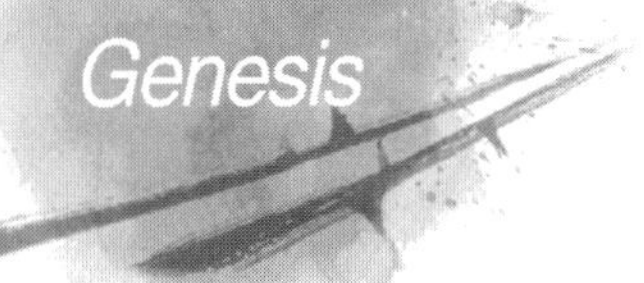

창세기는 스스로 존재하시는 야웨 하나님이 모든 만물의 창조주이심을 선포하며, 특별하게 창조한 피조물인 인간과의 끊임없는 관계를 보여주십니다. 그 속에서 선택한 족장들을 통해 언약을 이루어 가시는 하나님의 파토스에 감격하며 창세기를 읊조립니다.

숲: 읊조리는 하나님의 파토스

창세기는히-베레쉬트, 헬-게네시스 애굽에서 탈출하여 광야를 방황하고 있던 이스라엘 백성들을 위해 들려주신 말씀입니다. 자연 만물과 가축이나 짐승들까지도 숭배의 대상이었던 다신교적인 분위기의 애굽에서의 400년은 이스라엘의 하나님만이 진정한 창조주되심을 모르는 상황까지 이르게 하였습니다. 그렇기 때문에 창세기는 400년 동안 잠잠하셨던 조상의 하나님이 누구신지, 어떻게 역사하시는지, 왜 그렇게 하시는지, 또 하나님이 어떻게 사람들을 다루시는지를 기록해야 했습니다.

히브리 전승에서 창세기의 첫 어구인 '베레쉬트'로태초에 기록된 자료를 보면, '창세기' 는Genesis '기원' 을 뜻하는 헬라어에서 왔기 때문에 인간뿐 아니라 우주와 모든 생명체의 일반적인 기원을 피조물로 가르치고, 이스라엘 민족과 연결시키며 창조주요 구속자인 하나님을 선포 하고 있는 것입니다.

창세기는 지금까지 메소포타미아와 이집트 문명이 발달한 고대 근동에서 섬기는 신들과 눈에 보이는 모든 사물을 신으로 섬기는 다신론과 범신론을 배격합니다. 또한 신의 존재를 아예 부인하는 무신론을 일깨우며 오직 '야웨' 만이 유일한 하나님이심을 말합니다. 창세기를 통하여 눈에 보이지는 않지만 말씀하시며, 언약하시는 하나님이 진실하신 하나님이라는 진리를 선포하십니다. 이러한 선포가 하나님의 파토스를 알게 하시는 시작이 됩니다.

창세기의 하나님은 많은 지역 신 중 하나가 아니라, 창조주와 심판자로 인류를 창조하시고 돌보시며, 또 그들의 악행에 대하여 심판하시는 분이심을 가르쳐줍니다. 아브라함이 본토 아비 집을 떠나 가나안에 정착하기 까지 그의 여정을 인도하신 분도 하나님이셨습니다. 또한 하나님은 아브라함의 자손들도 가나안 땅에서 살게 될 것이라고 약속하셨고, 그의 많은 실수에도 불구하고 은혜의 돌봄과 사귐의 손길로 하나님의 약속이 어떻게 이루어지는지를 기록하고 있습니다.

그리고 성경의 원 저자인 하나님께서는 모세를 비롯한 성경 기자들을 통해 하나님을 보여주십니다. 성경 66권 모두가 개별적이며 독립되어 있지만 여러 권이 같은 저자에 의해 의도적으로 연속되거나 시대적 동일한 주제에 의해 한 단위로 묶어서 보기도 하는데, 창세기 역시 하나로 묶인 모세 오경 중 첫 번째 '토라' Torah이기도 합니다. 작게는 율법의 조항613가지-248(적극적인 법), 365(부정적인 법)들을 가르치지만 넓게는 하나님의 백성이 지켜야 할 모든 것이 담겨613가지법-창세기(3), 출애굽기(111), 레위기(247), 민수기(52), 신명기(200) 있는 가르침의 책이 '토라' 입니다.

'토라' 는 먼저 하나님께서 원하시는 것이 무엇인지를 가르치며, 하나님의 백성에게 어떻게 백성답게 살아야 하는지를 알려 주기 위해서 기록된 하나님 말씀입니다. 또한 토라를 통해 예수님의 복음을 제대로 볼 수 있습니다. 토라의 성육신이 예수 그리스도의 복음이기 때문입니다. 이와 같이 자기 백성의 구원을 위한 하나님의 열심이 출애굽 한 이스라엘에게 율법으로 명령하시며 가르치십니다. 그러나 그 가르침으로 끝나는 것이 아니라 '신앙이야기' 를 통해 순종을 이끌어 내시는 것입니다. 토라를 통해 하나님의 사랑을 표현하신 것입니다 토라 안에 담아 놓으신 하나님의 은혜의 돌봄과 사귐의 행동인 파토스가 생생히 살아 움직이고 있습니다.

이어서 창세기의 파토스를 깨닫기 위해 우리는 현재와 과거 저자 사이의 역사적이고 문화적인 거리를 좁히는 노력을 해야 합니다. 문화가 다르면 이야기를 하는 방식도 다르기 때문에 모세의 가르침과 교훈을 핵심으로 기록한 오경의 중추적 인물이 모세라는 사실도 기억해야 합니다. 중심된 역할을 한 저자 모세 역시 하나님의 섭리로 문서나 구전의 형태로 되어 있는 수많은 정보 자료들을 활용했으며 영감을 받아 정확한 자료를 선택하였습니다. 그리고 목적에 따라 그 자료를 편집하여 모세오경을 탄생시켰습니다.

이에 창세기는 에덴에서 애굽까지 2천년 이상의 기간이 걸렸고, 출애굽기는 애굽에서 시내산의 성막까지 430년이 걸렸습니다. 그리고 시내산에서의 1개월을 기록한 레위기와 시내산에서 모압 평지까지 세대교체를 이룬 40년의 기간이 걸렸던 민수기가 있었습니다. 마지막 신명기는 가나안 진격을 앞둔 모압 평지에서의 1개월을 담았습니다. 하나님의 영감은 토라에 파토스를 담으셨고 이스라엘을 은혜로 이끌어 주셨습니다. 물론 모세 오경을 비롯한 모든 성경의 원 저자는 하나님이라는 사실은 변함이 없습니다.

이렇게 오경은 이스라엘의 기원과 율법을 통해서 그들의 전체 생활 방식을 결정하시는 하나님의 계시를 기술하고 있습니다. 동시에 모세의 가르침이 페르시아 포로 후기 중반인주전6세기후반-5세기 에스라의 종교 개혁 때에 역동적으로 되살아나 생존을 위한 지침서로 붙들게 됩니다. 이렇게 실제적인 삶으로 인도하시는 하나님의 은혜를 직접 증거 하십니다.

앞서 말한바와 같이 모세 혼자만의 작품이 아니기 때문에 모세 이후에 증보 된 부분이 혼합적인 성격으로 나타나지만 이 모든 것을 통해 하나님의 직접적인 개입과 은혜주시고 사랑해 주시는 파토스를 깨닫게 되는 것입니다.

지금까지 설명한 토라의 첫 번째 말씀인 창세기는 선포적인 언어와 은유적 표현 안에서 하나님의 파토스가 뜨겁게 발산되고 있습니다. 과거의 장구한 역사를 한 눈으로 쉽게 알아 볼 수 있도록 10가지 '톨레도트' 구조로 나누어 하나님의 파토스를 알게 될 것입니다. 서언으로 시작하여 '역사', '대략', '후예', '기사', '족보' 등으로 말하는 톨레도트를 11개의 단락으로 구분합니다. 독특한 문학적 형태를 사용하여 하나님의 구원의 역사가 좀 더 세밀한 파토스로 우리의 마음에 담기게 될 것입니다. 이 파토스에 감격하여 창세기를 읊조리길 기대합니다.

나무: 생생하게 다가오는 하나님의 파토스

서언: 창조를 통해 은혜로 돌보시는 하나님의 파토스(1:1-2:3)

창세기는 창조하신 하나님의 능력을 찬양하는 신앙의 고백이며 일방적인 은혜로 나타난 하나님의 파토스입니다. 그래서 창세기의 시작은 '선포적' 입니다. 절대적인 창조 자체가 하나님 '말씀' 의 증거로서, '말씀' 하신대로 하늘과 땅의 세계가 창조되어 나왔다는 절대적인 권능의 선포입니다.

*"태초에 하나님이 천지를 창조하시니라"*창1:1 삼위일체 하나님께서 온 우주 만물을 창조하셨습니다. 이 놀라운 창조를 마치 그림 그리듯이 펼쳐 놓으시고 우리로 하여금 그 신비한 일들을 찬양하게 하시며 예배하게 하십니다. 비교의 가치나 논리적 설명이 필요없는 만물의 창조는 창조주 하나님을 밝히 드러내십니다.

고대 근동의 메소포타미아 문화의 영향을 받은 바벨론의 창조서사시 '에누마 엘리쉬' 는 신들이 원시의 우주로부터 생겨났다고 말하며 '마르둑' 을 그들의 주신으로 섬겼습니다. 또한 홍수신화인

'길가메쉬 서사시' 를 비롯하여 태양과 달을 숭배하는 다신교 사상이 만연했습니다. 그러나 하나님은 세계의 기원들을 철저히 반박하시며 무에서 유를 창조하신 유일한 하나님이심을 나타내시며 선포하십니다.

이와 같은 시대적 상황에서 명령만으로도 충분하신 위엄 있는 말씀과 행위는 하나님의 전능하심과 주권을 드러내며, 모든 자연만물을 통해 하나님을 드러내십니다. 여기서 더 깊은 하나님의 파토스를 알게 된다면 하나님의 명령에 수동적인 백성이 아닌, 순종적인 백성으로 설 수 있을 것입니다. 하나님의 축복의 사람이 될 것입니다. 사람을 만드시고 복주시기를 간절히 원하시어 사람이 있는 그곳에 함께 거하시는 하나님이심을 깨닫게 될 것입니다.

하나님의 위대한 창조는1-2장 두 부분으로상호보완-첫째('하늘' =우주론적 관점), 둘째('땅' =인간론적 관점) 나누어 질서 있게 펼쳐졌습니다. 첫째 날부터 셋째 날 까지가 영역에 대한 창조이며 넷째 날 부터 여섯째 날 까지가 그 영역에 거할 대상에 대한 창조입니다. **첫째 날**-빛영광의 우주 빛과 어둠을 나누신 곳에 **넷째 날** 해와 달과 별을 만드셨습니다. 이어서 **둘째 날**-하늘과 물을 만드신 곳에 **다섯째 날** 새와 물고기를 살게 하셨습니다. 마지막으로 **셋째 날**-땅을 만드시고 그곳에 **여섯째 날** 동물과 사람을 창조하셨습니다. 영역을 나누시고 그곳에 거할 모든 대상을 창조하셨습니다. 하나님이 창조하신 세상은 최고의 만족을 이루어 내신 '선한 창조' 였습니다. 모든 것이 조화롭고 가장 완벽한 창조였습니다. 이렇게 놀라운 특별한 짜임들은 창조주 하나님의 섬세한 사랑을 알게 하시는 것입니다. 여기서 우리가 하나님께 받은 최고의 은혜는 '하나님의 형상대로' 1:27 창조 받았다는 것입니다. 성경 안에 흐르는 인간의 존엄사상은 피조물 중 유일하게 하나님의 생기를 받아 하나님의 형상을 입은 데서 시작됩니다. 하나님의 형상대로 창조된 사람을 바라보시며 심히 좋아하셨던 하나님의 만족하심이 온 우주 만물에 전해집니다.

무한한 능력으로 창조하신 삼위일체 하나님은성부, 성자, 성령 각각의 독립적인 인격을 가지셨지만 독자적으로 홀로 계시지 않으시며, 상호 존중과 사랑, 그리고 이해를 중심으로 함께 계시는 한 분 하나님이십니다. 삼위일체 하나님의 공동 작품으로성부-계획, 성자-성취, 성령-적용 생령을 받은 최고의 걸 작품인 인간을 만드시고 서로 동등한 부부로 세우셨습니다. 그리고 삼위일체 하나님의 존재방식을 닮아 피조물을 다스리게 하셨습니다. 이로써 하나님의 은혜의 돌봄과 사귐의 손길이 시작되었음을 선포하십니다.

그리고 하나님은 하나님의 형상인 사람과 함께 '동역' 하시며 지으신 피조물들을 맡기셨습니다. 하나님의 대리인으로 또한 대표자로 세우시며 지위와 권한을 부여해 주셨습니다. 자연은 자연대로 숭배의 대상이 아니라 하나님의 영광을 나타내는 거울로서 그 소임을 다하게 하셨고 관리를 맡은 사람 역시 하나님의 계획 가운데 모든 것이 순조로운 출발이었습니다. 창조와 동시에 시작된 은혜의 파토스가 있었습니다. 사람을 만나주시고 그들을 위해 움직이시는 하나님은 창세기의 모든 인류에게 사랑 가득한 희망이 됩니다.

이 놀라운 말씀을 듣는 1차 청중은 출애굽 한 이스라엘이었으며 문자화된 최종적인 성경을 읽는 1차 독자는 바벨론 포로가 된 이스라엘이었습니다. 그때까지 바벨론의 넘쳐나는 신화 아래서 영향을 받았으니 믿음도, 하나님을 아는 지식도 바닥을 치고 있었습니다. 이러한 때에 하나님의 파토스는 1차 청중과 1차 독자를 포함하여 현대 신앙인에게 까지 더욱 절실하게 다가오는 것입니다.

창조의 온기로 모든 것이 충만해서 평화스러운 에덴의 안식은, 복되게 하시고 은혜로 초대하고 계시는 하나님의 선하심이 있습니다. 가장 좋은 것을 함께 하고자 하시는 뜨거운 하나님의 사랑이 파토스를 넘치게 합니다.

하나님의 '안식'은[샤바트] '멈추다'라는 1차적인 뜻을 가지고 있으나 휴식하기 위한 멈춤이 아니라 빈 곳을 가득 메우고 온전히 채우셨기 때문에 완성의 '멈춤'입니다. 모든 것에 만족하신 하나님의 샬롬이 충만한 날인 것입니다. 이렇듯 하나님은 안식의 기원을 창조에 두고 계십니다. 우리 역시 안식일을 창조주 하나님 안에서 지키며 그 영광을 찬양하는 것입니다. 출애굽기에서도[20:8-11] 안식일을 창조의 리듬 질서에 따라 사는 것이라고 가르칩니다. 그리고 신명기에서는[5:12-15] 애굽의 노예생활에서 구출 받았음을 기억하며 지키라는 깊은 의미가 담겨집니다. 신약에 와서도 예수 그리스도의 십자가의 죽음과 부활을 죄의 노예로 있던 우리에게 자유와 평강이 넘치는 진정한 샬롬을 가져다주신 은혜로 말씀하셨습니다. 이처럼 일곱째 날을 진정한 '안식일'로 지키는 것은 하나님께서 주시는 구원의 은혜를 즐거워하는 축제의 날이기 때문인 것입니다.

따라서 창조의 은혜가 가득한 창세기의 처음은, 모든 인간의 삶을 위한 하나님의 파토스를 깨닫게 하시며 돌보시고 사귀어 주시는 하나님을 아버지로 고백하게 합니다. 그리고 1차 청중과 1차 독자들은 모든 어려운 환경을 초월하여 살아계셔서 말씀하시는 하나님을 기뻐하게 됩니다. 값없이 베풀어 주시는 은혜와 축복에 감사하는 것입니다.

창조주이신 하나님과 불순종하는 인간의 타락에 대한 죄와 구원의 수레바퀴가 굴러감과 동시에 그 안에서 변함없으신 하나님의 파토스를 마음껏 쏟아 놓고 계십니다. 이것이 '하나님의 파토스' 앞에서 믿음을 가지게 되는 이유이며 우리를 '순종'으로 이끄시는 하나님의 사랑인 것입니다.

1. 톨레도트: 타락한 인간을 위한 하나님의 파토스(2:4-4:26)

여호와 하나님이 아담과 그의 아내를 위하여
***가죽옷**을 지어 입히시니라*(3:21)

말씀에 의한 창조를 선언하시고창1장 흙으로 짐승들과 새들을 친히 빚으시는창2장 토기장이 하나님을 묘사하십니다. 모든 것이 가장 아름답게 창조된 그 때에 마지막으로 사람을 창조하시는 파토스를 보이십니다.

하늘과 땅의 '역사' 톨레도트 통해 창조주 하나님은 선하게 창조하신 세계에서 남자와 여자돕는배필-동반관계 그리고 하나님의 완벽한 조화 속에서 함께 살도록 은혜 주십니다. 서로 신뢰하고 즐거워하며 하나님께서 친히 꾸미신 '에덴동산' 을성막과 예루살렘 성전, 그리고 계시록의 새 예루살렘 이미지 거닐기도 하십니다. 그 안에서 사람과 친밀한 관계를 누리시고 돌봄과 사귐의 파토스를 마음껏 쏟아 붓고 계십니다. 남자의 갈비뼈를 취하여 여자를 만드시고 남자와 여자가 하나님 앞에서 동등함을 인정하게 하시며 창조계의 질서를아담과의 언약(창2:16-17) 만드셨습니다. 하나님의 파토스를 만끽하며 하나님만 섬기기를 바라셨습니다.

부끄러워 자신들을 가릴 필요조차 없는 깊은 친교와 하나님의 파토스는 충만하게 넘치고 있었습니다. 무엇하나 부족한 것이 없는 모든 '충만함' 과바벨론 신화와 달리 사람에게 풍성히 과실을 공급하시는 하나님을 강조 자유 속에서 사람은 뱀의 유혹을 받았습니다. 그리고 모든 것을 받은 사람의 욕심으로 단 하나의 제한이었던 선악과를 먹게 됩니다. 신뢰의 표현인 언약을 깨뜨린 것입니다. 하나님의 하나님 되심을 인정하며 사랑으로 이루어졌던 하나님과의 언약이 파기 되었습니다. 넘어지게 하는 시험의 수단이 아니었습니다. 사람에게는 인격적인 관계를 위한 선택권이었고 하나님께서는 그분만이 은혜로 베푸신 파토스였습니다. '순종' 하나님의 명령(계명)이냐 불순종이냐에 대한 선택 앞에서 교만한 마음이 얼굴을 들었습니다. 사람이 하나님처럼 되려는 것입니다. 그래서 하나님께서 주신 자유 선택권을 남용한 것입니다. 결국 그들은 '불순종' 에거룩하심 훼손 대한 '죄' 로단절-하나님관계, 자신관계, 인간관계, 자연관계 영원한 불이익을 선고 받았습니다. 일방적으로 피동적인 존재가 아니라 하나님의 명령을 받으며 결단할 수 있고 자신의 행위에 책임이 뒤 따를 수 있다는 것을 항상 염두 해 두었어야 합니다. 결국 자발적인 순종을 통해 하나님의 영광을 드러내지 못한 아담과 하와는 하나님을 떠난 삶의 실제적 고통을 느끼게 됩니다. 모든 선함이 깨어진 그곳에서 하나님은 고뇌 하셨습니다. 온 땅에 가득했던 하나님의 기쁨이 절망으로 바뀌었습니다. 이미 죄가 들어와 자리 잡은 아담과 하와를 에덴에서 내보내시게 됩니다.

그러나 타락한 아담과 하와만 가도록 버려두시지는 않으셨습니다. 인간을 향한 하나님의 파토스는 늘 함께 계셔서 여자의 후손을 통해 구원하실 구속의 메시지를 전하시며, 원시 복음을protevangeium 약속하셨습니다.[3:15] 그리고 친히 찾아와 무화과 나뭇잎 대신 '가죽 옷'을계속되는 하나님의 사랑 지어[3:21] 입히셨습니다. 회복을 위한 자상하신 하나님 아버지는 언제나 그 자리에 계셨습니다.

모든 것은 변했습니다. 하나님의 임재하심과 생명의 원천이었던 에덴에서의 추방은 육체적 죽음보다 더한 파멸이었습니다. 사람은 하나님의 임재 속에서만 생명의 충만함을 누릴 수 있게 창조되었기 때문입니다. 돌이킬 수 없는 죄의 결과로 선한 창조와는 거리가 먼 세상이 되었습니다. 이제 거룩하신 하나님과 단절되어 살아있는 죽음을 경험하게 된 것입니다.

이렇게 사람과 자연은 하나님의 창조 목적에서 벗어나게 되었고 점점 더 타락하여 살인을 서슴치 않는 깊은 나락으로 빠져 갔습니다. 아담은 그 후로도 930세까지 살면서 자녀를 낳았습니다. 그의 불순종을 교훈삼아 하나님께 순종하기를 가르쳤을 것이 분명한데도 이미 원죄로 인한 그 자녀들의 타락은 막을 수 없었을 것입니다. 그 가운데서도 하나님은 처음부터 의도하셨던 하나님의 나라를 세워가기로 작정하십니다.

시기심으로 동생을 죽인 가인 역시, 하나님을 배반하고 스스로 유리하여 방랑하는 살인자가 되었습니다.창4:8 죄로 인해 스스로 소외되어 가는 인간의 불행을 직접 보여주고 있는 것입니다. 하나님을 떠난 삶, 하나님의 은혜의 '얼굴' 낯-보살핌을 보지 못하게 된 것입니다. 그러므로 성을 쌓고, 도시를 만들고, 음악을 발전시키고, 화려한 산업 사회를 성취했지만 가인의 문화는 '라멕의 노래'에서일부다처제 시작 보여 주듯이 살인과 증오의 복수를77배의 갚음 노래하는 죽음의 문화인 것입니다.

보시기에 심히 좋았던 하나님의 창조 세계와 사람은 하나님의 유일한 계명을 불순종으로 답하였으나, 하나님은 사람 돌보기를 포기하지 않으셨습니다. 그 이후로 계속되어지는 사귐의 행동들 속에 하나님의 애틋한 사랑이 구구절절 흘러나고 있습니다.

믿음이 있는 아벨의히11:4 제사는 받으시고, 합당하지 않는 가인의 제사는유11절 받아주시지 않자 견딜 수 없는 분노로 아벨을 죽이고도, 죄에 대한 심판을 불평하는 가인에게 '자비' 와 '보호의 표'를인의 표-겔9:6, 계7:23 주십니다. 유리하는 자가 되어도 생명을 보호받을 수 있는 긍휼을 베풀어 주셨습니다. 죄를 지었으나 하나님의 긍휼을 입은 가인은 애석하게도 죄를 용서해 달라고 구하지 않았습니다. 다만 목숨의 연장만을 구할 뿐이었습니다.4:14-15 그의 후손들도 하나님의 이름을 부르지 않았습니다. 이처럼 어리석은 사람들을 보시며 하나님은 가슴 아파하셨습니다. 그럼에도 불구하고 아담의 또 다른 아들 셋과 그 타락한 후손들을 통해서라도 믿음의 대를 이어가게 하셨습니다. *"그 때에 사람들이 비로소 여호와의 이름을 불렀더라"* 4:26 인간을 향한 구원의 역사이자 가슴 아픈 하나님의 파토스인 것입니다. 절대적으로 타락한 인간들에게서는 찾아 볼 수 없는, 그들이 스스로 내 던져 버린 '하나님의 형상' 을 '회복' 암9:13-15, 사11:6-9 하기 위한 하나님의 파토스로 변함없는 사랑을 이어가고 계십니다.

2. 톨레도트: 아담의 대를 이어 베풀어 주시는 하나님의 파토스(5:1-6:8)

땅 위에 사람 지으셨음을 한탄하사 마음에 ***근심****하시고*(6:6)

아담의 '계보' 는톨레도트 창조 당시의 하나님의 형상이 어떻게 이어지고 있는지 또 생육하고 번성하라는1:28 하나님의 명령이 어떻게 성취 되어지는 지를 보여주고 있습니다.

이 계보는 축복의 계승이라고 할 수 있습니다. 지속적으로 하나님의 임재를 체험하며, 하나님의 파토스로 그 대를 이어 계속되는 하나님의 은혜를 만나는 것입니다. 이 계보에는 남자와 여자, 모두가 하나님의 형상으로 지음 받은 고귀한 존재라는 선언으로 시작합니다. 그리고 계보에는 인류 전체를 대표하는 '10' 명의인류 전체를 대표하는 수 인물 이야기가 나옵니다.

계보 이야기 중에 낳고-살고-죽다는 패턴이 나오는데 죽음이 마지막에 나옵니다. 이 '죽음' 은 선악과를 통해 하나님을 떠난 모든 인류의 형벌입니다. 그리고 거기에 인간들의 악을 더하게 됩니다. 사람을 죽이고도 자랑하며4:23 하나님을 비웃는 사악한 모습을 여과 없이 드러내고 있습니다. 그럼에도 하나님께서는 셋의 후손인 에녹 이야기를 통해 365년 일평생, 온 생애를 하나님과 함께 친밀하게 '동행' 하는 신앙의 모범으로영생의 첫 그림자(요5:24) 믿음의 계보를 이어 가게 하셨다는 것을 알 수 있습니다.5:24 에녹이 악한 세상을 믿음으로 이긴 힘은 오직 하나님에게서 나온 것입니다. 하나님의 백성들이 하나님을 잘 섬기는 믿음까지도 은혜로 받았다는 것입니다.

그러나 가인의 후손들로 대표되는 '네피림' 6:4이라 불리는 거인들은 용사로서 하나님 아닌 다른 우상을 만들어 주기에 적절했습니다. 고대근동의 설화에는 뛰어난 용사를 신격화시키는 우상숭배가 유행처럼 번져 있었으며, 그 당시 땅에 퍼져있는 '네피림' 이길가메시 같은 초인간적인 존재 우상문화의 단적인 한 예로 나온 것입니다. 그들의 헛된 욕망을 더 부각시키기 위한 잘못된 신앙이 그렇게 믿고 싶었던 그들만의 우상을 만들게 되었던 것입니다. 문제는 셋의 경건한 '하나님의 아들들' 이출4:22 즉 하나님의 신이 함께하는 천사들과 같은 경건한 믿음의 자손들마저도 죄의 확산에 한 몫을 더했다는 것입니다. 결국 가인의 후손으로 하나님 없이 사는

'땅의 딸들' 의 아름다움 앞에 '혼합결혼' 으로 타락하기 시작했습니다. 이에 온 맘을 다해 믿음으로 드리는 '아벨의 피' 제사는 사라지고 '쾌락' 을예배에 제의적 행음 포함 추구하는 세상적인 육체가 된 것입니다. 그러므로 하나님의 '신' 이성령의 역사 함께하지 않으시는 세상이 되었고, 120년은총의 기간이라는 심판 유예기간을 선언하시게 됩니다. 외적으로 보이는 세상의 화려함 속에 빠져든 경건한 자손들은 죄가 관영한 집단이 되어 버렸습니다. 한 사람 아담의 범죄로3장 시작되어 형제간의 범죄로4장 이어지고, 집단의 범죄로4장 확산되어 결국 땅의 죄가 가득하게 된 것입니다. 생각조차도 악한 그들의 죄가 하나님의 홍수 심판을바벨론 신화는 인구증가로 인해 자초하게 된 것입니다.

죄가 극에 도달했을 때 그 마음의 생각이, 모든 계획이 언제나 악할 뿐임을 보시고, '전적타락' , '전적부패' 한Total Depravity 사람을 창조하셨음을 한탄하시기에 이르렀습니다. 마음에 근심하셨습니다. 후회 하셨고, 아파하셨습니다. 그리고 눈물을 흘리며, 하나님의 정의를 보이셨습니다.

하나님의 파토스는 눈물로 가득 찼고, 엄청난 고통창조의 파괴 가운데 심판을 통해서라도 하나님의 형상을 회복재창조하게 하시려 마음을 결정하셨습니다. 이에 노아에게 은혜를 주시며, 믿음의 계보를 이어가시기 위한 하나님의 자비로운 파토스가 슬픔으로 흘러넘칩니다.

3. 톨레도트: 눈물로 통곡하시나 노아를 통해 구원의 방주로 인도하시는 하나님의 파토스(6:9-9:29)

여호와께서 노아에게 이르시되 너와 네 온 집은
방주로 들어가라 이 세대에서 네가 내 앞에
의로움을 내가 ***보았음****이니라*(7:1)

하나님의 깊은 신음과 찢어지는 듯 한 부성애의 아픔이 여기에 있습니다. *"나는 나의 세운 것을 헐기도 하며 나의 심은 것을 뽑기도 하나니"* 렘45:4 라는 말씀들은 하나님의 아픈 마음을 어렴풋이나마 들여다보게 합니다. 그러나 사람이 고통스러우면 고통스러울수록 그 고통은 하나님의 고통입니다. 창조의 세계가 인간의 악함으로 와해되었지만 하나님은 피조세계가 새롭게 창조 되어지는 것을 포기 하지 않으셨고 오히려 기대하셨습니다. 그러하기에 하나님의 고뇌와 번민이 그 슬픔의 파토스에서 발견되는 것입니다. 자신이 창조하신 피조 세계가 자기의 뜻한 대로 이루어지지 않고 타락하자 슬퍼하시고 땅위에 사람 지으셨음을 한탄하시고 근심하십니다.

여기서 하나님이 느끼시는 '고통' 은아체브 노아가 홍수의 그 날을 외칠 때 그들의 완악함에 느꼈던 고통이며6:11-12 범죄 한 후 하와가 느꼈던 해산의 고통입니다.창3:1 하나님의 번뇌는 성경 여러 곳에 나타납니다.렘17:10, 대상28:9, 롬8:27 인간의 악한 마음 때문에 하나님은 괴로워 하셨으며 심판을 고통스러워하셨습니다. 그리고 변화의 모습이 없는 악한 인간들을 위해 하나님의 구원을 베풀어 주십니다.

심판 중에도 구원을 향한 하나님의 파토스는 노아로 하여금 방주를 만들게 하셨습니다. 하나님께서 정해주신 배를 만들고 각기 종류대로 부정한 짐승은 암수 둘씩, 정결한 짐승은 암수 일곱씩 준비 되어 들어갔습니다. 심판 후에도 그들의 종자를 온 땅위에 살아남게 하시려 예비 하셨습니다.7:3 그리고 배의 문을 닫으셨습니다. 오직 하나님의 은혜로 노아 부부와 셈, 함, 야벳과 이들의 부인들이 함께 방주 안에서 구원을 체험하게 됩니다. 노아의 600세에 홍수가 땅에 덮이니 천하의 높은 산들이 다 덮였고 코로 숨을 쉬는 모든 생물이 다 죽었습니다.7:22

한탄과 고통으로 눈물을 흘리시며 40일을 주야로 심판하신 하나님께서는 구원의 방주를 인도하셨습니다. 백오십일 동안이나 땅을 뒤 덮었던 물을 바람을 통해 줄어들게 하셨습니다. 물론 노아와 그와 함께 배 안에 있던 들짐승과 가축들을 권념하셨기 때문입니다.8:1 방주를 아라랏 산에 머물도록 안전히 이끌어 주셨고 배에서 나오게 하실 때까지 정성껏 돌보셨습니다. 노아와 그 아들들에게 복을 주시며 번성하게 하셨습니다. 또한 다시는 물이 세상을 멸하는 홍수가 되지 않으실 것이라는 언약을 세워주시며 무지개를 보이십니다.9:15-16

하나님의 심판과 은혜를 나타내는 '홍수'와 '무지개'는 하나님의 파토스입니다. 죄에 대하여는 공의로우시고, 하나님이 손수 지으신 사람에 대하여는 무한한 사랑으로 긍휼을 베푸시는 은혜인 것입니다.

눈물로 홍수를 이루신 하나님께서는 다시는 이 같은 고통이 없기를 바라시며 하나님의 약속을 기억하게 하시는 것입니다. 그 약속을 보증하기 위해 증표로 삼으신 천체현상인 '무지개' 는 히브리어 단어로 '활' 을 뜻하는데 활시위의 모양이 하나님 쪽을 향하고 있습니다. 이는 목숨을 걸고 언약을 지키겠다는 하나님 스스로의 결심인 동시에 피조물들을 향하신 하나님의 '은총의 표현' 인 것입니다. 그리고 이 결심은 예수님의 십자가 사건에서 절정을 이룹니다. 이처럼 하나님의 은혜의 돌봄과 사귐의 행동인 파토스는 '무지개' 겔1:28, 계4:3, 10:1에 계속적으로 나타남 속에서 결코 사라지지 않습니다. 창조의 처음부터 시작되어 지금까지 멈추시질 않습니다.

아담과 하와를 심판하신 후 하나님께서는 그들에게 메시아의 약속을 주셨고창3:15 가죽옷으로 그들의 부끄러움을 가려 주셨습니다.창3:21 아벨을 죽이고 하나님을 만홀히 여긴 가인에게도 그를 해할 수 없는 은혜의 '증표' 를 주시고창4:15 홍수 이후, 사람들에게 정결한 짐승들은 먹을 수 있도록 허락하셨습니다. 결국 하나님의 은혜와 자비는 그의 손에서 피조물과 인간들을 구원하신 것입니다.

노아는 '새로운 아담' 의둘째 아담 대표자이나 하나님은 그분의 종 된 백성과 '언약' 을6:18 맺으시는 위대한 '왕' 이십니다. 하나님께 은혜를 입어 '의인' 이라 칭함을 받은 노아는 하나님의 말씀을 준행하기 위해 엄청난 수고의 땀을 흘립니다. 마치 하나님의 가슴에 흐르는 눈물을 땀으로 흘려보내는 듯합니다. 이제 노아의 믿음과 순종의 땀 흘림으로 하나님의 계획은 새로운 출발을 합니다. 조타 장치가 없는 방주 안에서 생명을 위협하는 홍수로부터 40일 동안 노아의 가족들은 하나님의 '기억' 권념, 심사숙고하시는 은혜로 말미암아 하나님의 신실하심의 손길로 구원을 받았습니다. 구원의 상징인 방주의 주인 되시는 하나님의 인도와 보호가 가득합니다. 심판 중에서라도 자신의 창조세계를 보존하시겠다는 하나님의 굳은 다짐이 새롭습니다.

홍수는 우주 전체에 미치는 대 재난이었고 하나님께 달려 있었습니다. 혼돈의 세력을 묶어 놓으실 때 우주의 질서가 세워지고 보존되는 것처럼 하나님의 지속적인 사랑의 파토스가 혼돈의 먹이가 될 연약한 피조 세계를 지키셨고 섭리하셨음을 고백하게 하십니다. 이렇듯이 눈물을 흘리며 심판하시지만 그 심판이 사람에 대한 하나님의 마지막 손길은 아닌 것입니다. 심판의 한 가운데에서도 구원이 가능한 이유는 하나님이 본래 원하셨던 것이 심판이 아니라 구원이셨기 때문입니다. 은혜의 돌봄과 사귐의 행동이 성실하시고 신실하신 하나님의 파토스는 죄악의 홍수를 구원의 방주로 건너게 하십니다. 그리고 변치 않는 사랑으로 인도하십니다.

4. 톨레도트: 노아의 자손으로 약속을 충만하게, 바벨로 강림하시는 하나님의 파토스(10:1-11:9)

이들은 그 백성들의 족보에 따르면 노아 자손의 족속들이요
홍수 후에 이들에게서 그 땅의 백성들이 ***나뉘었더라***(10:32)

노아의 후손들의 '족보' 에톨레도트 나타난 70명은 당시 전 인류를 총칭하는 상징적인 숫자로 홍수 이후 하나님의 축복이 계속되었음을 볼 수 있습니다.[10:1-32] 온 인류가 같은 언어를 쓰는 한 뿌리의 형제로서 공존하였습니다. 생육하고 번성하여 땅에 충만 하라는 하나님의 '복'[9:1]이 실현되고 성취되었습니다.[9:1]

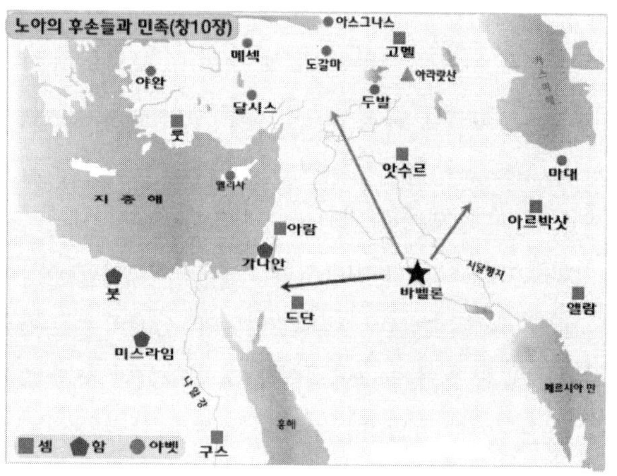

야벳으로부터 14개의터키나 헬라섬들 민족이, 함에게서는 30개의애굽, 앗수르, 바벨론 민족이, 셈으로부터는 26개의아브라함과 이스라엘 민족들이 나왔습니다. 하나님의 약속은 허공에 흩어짐이 없이 역사 속의 현실이 되었으며 그 약속을 위해 하나님은 사람들 사이에서 쉬지 않고 일하셨을 것입니다. 하나님의 눈과 가슴이 향하는 관심은 오직 피조 된 사람들이었습니다. 그 염원대로 노아의 후손들은 세계 각처에서 번창하였습니다.

그러나 인간들의 교만이 서서히 머리 들기 시작하였고, 노아의 후손들은 두 부류로 나뉘게 됩니다. 하나는, 하나님을 따르는 믿음의 자손 셈과 야벳이었고, 반면에 다른 하나는 함과 그의 자손 가나안으로 하나님을 거부하는 우상숭배자들입니다.9:26 하나님을 대적하는 이들의 다신론적인 우상숭배는 안타깝게도 고대 근동의 창조이야기인 에누마 엘리쉬와 수메르 홍수 이야기, 길가메쉬 서사시, 아트라하시스 서사시 등의 많은 이야기들로 왜곡되어 전승되었습니다. 믿음의 사람들의 기록보다 먼저 기록되어 떠돌게 되었으나, 어리석은 욕망에 의한 명백한 우상숭배임에 틀림없습니다. 그렇기 때문에 창세기는 유일하신 하나님의 주권을 나타내며 하나님의 일관적인 사랑을 끝없이 보여주시는 것입니다.

마침내 범죄 한 인간들은 '하나님처럼' 되기를 원하였습니다. 그리고 '바벨' 에아카드어로 '신의 문' 모였고 그 교만한 마음이 어리석게도 자신들의 이름을 내려는 사욕에 사로잡혀 '제단의 탑' 을 하늘에 이르는 관문, 지구라트, ziggurat 쌓았습니다. 밑으로는 지하세계부터 위로는 하늘까지 닿도록 쌓았습니다.11:4

맨 꼭대기에서 제사를 드리도록 설계된 바벨탑은 하나님 없이도 인간들 스스로 잘 해보겠다는 헛된 의지였습니다. 이처럼 홍수 후 다시 늘어난 인간은 그들의 어리석은 문명과 기술을 사용하여 하나님께 도전하고 있습니다. 그것은 신성 모독이며 지금까지 은혜로 돌보시고 사귀어 주시려 어떠한 움직임도 아끼지 않으셨던 하나님의 파토스에 대한 엄연한 반역이었습니다. 그들의 혼란과 흩어짐은 불순종에 대한 당연한 결과였지만 하나님은 찢어지는 고통을 맛보셔야 했습니다.

지금까지 하나님의 파토스로 충만하게 약속을 이행하셨으나 그 배신의 현장을 직접 강림하셔서 확인해야만 했던 하나님의 마음은 아프기만 합니다.11:5-7 온 백성을 사랑하시는 하나님의 파토스를 무색하게 만들었습니다. 언어의 혼잡으로 악행을 멈추게 하셨고 인류를 강제적으로 퍼져나가게 하셨습니다. 다양한 언어가 하나님의 저주는 아니었으나 하나님으로부터 멀어져가는 인간을 조절할 하나님의 수단이 되었습니다. 이 바벨사건으로 말미암아 혼란한 언어들은 오순절에행2장 성령님께서 사람들에게 강림하실 때에 온전히 회복되어집니다.

만연한 죄로 인해 홍수의 재앙을 당했고, 아직도 그 기억이 무지개 속에 담겨 있었지만 사람들은 또 다시 범죄 하였고 하나님의 파토스는 다시 가슴이 저리십니다. 그리고 더 큰 심판을 막는 최선책을예방조치 선택하시며, 그 혼란 속에서 믿음의 계보를 이룰 아브라함을 준비시키시는 은혜를 베푸십니다.

5. 톨레도트: 셈을 통해 구원의 역사를 전개하시는 하나님의 파토스(11:10-11:26)

셈의 족보는 이러하니라 셈은 백 세 곧 홍수 후 이 년에 아르박삿을 ***낳았고***(11:10)

하나님께서는 노아의 아들로부터 아브라함까지의 새로운 시조를 만듭니다. 아담이 최초의 사람이며 노아는 홍수 이후의 새로운 인류의 시조이듯이 아브라함은 선택된 백성으로 이스라엘의 시조인 것입니다.

셈으로부터 데라에 이르는 톨레도트는 창세기의 전체적인 양식 안에서 아브라함 이야기의 서언 역할을 합니다. 짧은 '계보' 와 톨레도트 더불어 태고시대를 벗어나 족장시대로 들어갑니다. 원 역사(역사 이전의 역사)의 마지막 이야기(창1-11장) 이 간결한 계보는 하나님의 은총이 언제나 그 분의 진노를 능가한다는 것을 기억하게 해 줍니다. 그렇기 때문에 하나님의 파토스는 죄악이 가득한 중에도 멈추지 않았던 것입니다.

한결 같으신 하나님의 파토스로 번성하게 된 셈의 후손 중에 10대에 와서 아브라함을 통하여 하나님의 새로운 '구원의 역사' 를 펼치십니다. 이로서 하나님의 '사랑의 행동' 이 더욱 구체적으로 전개됨을 알리십니다. 셈을 통하여 그 후손으로 한 사람을 택하시며 자신의 백성들을 불러 모으실 것입니다. 그리고 그들 스스로는 도저히 이룰 수 없는 죄에 대한 자유를 위해 함께 하십니다. 뜨거운 열심으로 구원의 역사를 전개하시는 하나님의 계획은 하나님의 은혜의 돌봄과 사귐의 행동인 파토스에 의존합니다. 이것이 바로 아브라함을 통해 나타나는 구원의 '톨레도트' 이며 심판과 소망을 연결하는 하나님의 파토스입니다.

6. 톨레도트: 데라의 아들 아브라함의 톨레도트를 통해 보여주시는 하나님의 파토스(11:27-25:11)

타락한 인간들과 자신의 관계를 회복하시려는 하나님의 계획이 데라의 아들 아브라함과 그 가족을 향한 사랑의 파토스로 나타납니다. 하나님의 간접적인 방식 속에서도 믿음의 사람 아브라함을 통한 하나님의 파토스는 생생하게 전개됩니다.

1) 한 사람 아브라함과 함께 하시는 하나님의 파토스(11:27-12:9)

내가 너로 큰 민족을 이루고 네게 복을 주어
네 이름을 창대하게 하리니 ***너는 복이 될지라***(12:2)

인류 전체와 약속하시고 파토스로 함께 하셨던 하나님께서 다른 방식을 결정하십니다. 특별히 선택하신하나님의 선택사상-노아, 셈, 아브라함, 이삭 한 사람 아브람으로주권적인 은혜(롬4:17) 보다 구체적이며 세세하게 다가오고 계시는 것입니다. 하나님의 백성들을 구원하시려는 하나님의 사랑이 애타는 마음으로 인류의 구원을 시작하십니다.

아브람의 생애를 소개하며 후대의 가나안을 상속받아 위대한 다윗 왕조를 이룰 것을 예견합니다. 아브람으로 인하여 모든 민족이 '복' 을 받게 될 것을 약속하셨습니다.1:28 땅을 얻을 것이며 큰 민족을 이루어 하나님의 보호로 축복을 받을 것입니다. 아브람은 하나님의 언약을 믿고 약속의 땅에서 예배하기 위하여 '갈대아 우르' 의바벨탑의 현장-월신숭배 본토를 떠납니다. 고대 근동의 가장 풍요로운 도시이며 그가 알고 있었던 모든 정체의 근원이자 안전한 가족까지도 그를 막지 못했습니다. 홍수 이후의 실패한 전 인류를 향한 위대한 도약을 준비하시는 하나님의 부르심을 좇아 순종한 것입니다. 또한 하나님은 은혜로 선택하시고 직접 찾아 오셔서 약속을 상기시키며 복의 근원으로 이끌어 주십니다.12:2

모든 여정에 하나님의 열심, 하나님의 파토스는 끝이 없습니다. 아브라함의 순종 후에 출애굽 한 이스라엘 후손들에게 본보기와 자극이 됩니다. 그리고 믿음의 눈을 들어 보게 하십니다. 은혜로 돌보시고 사귀어 주시려 행동하시는 하나님의 파토스를 알게 됩니다. 아브람을 통하여 이 세상을 축복하시려는 사랑 가득한 하나님의 파토스가 희망으로 다가옵니다.

2) 축복으로 인도하시는 하나님의 파토스(12:10-14:24)

그가 아브람에게 축복하여 이르되 천지의 주재이시오
지극히 높으신 하나님이여 아브람에게 ***복****을 주옵소서*(14:19)

이렇게 하나님의 부르심으로 마침내 가나안에 이른 아브람은 첫 예배를 드립니다.12:7 믿음의 길로 한 발 내딛었나 싶었으나 기근을 피할 생각에 하나님의 약속을 믿음으로 이행하지 못한 아브람은 애굽으로 내려갔습니다.12:10

그의 인간적인 계산이 또 다른 죽음의 위협을 맞게 되고, 사래까지 남편의 비굴함 때문에 하나님의 약속을 지키지 못할 위험에 처하게 됩니다. 그러나 하나님은 적극적으로 개입하십니다. 애굽의 바로에게 재앙을 내려 사래를 지키시고 그곳을 안전하게 떠나게 하십니다.13:1 여기서 하나님의 파토스를 말하지 않을 수 없습니다. 하나님께로 향한 최선의 방법을 선택하지 못한 아브람에게 하나님께서는 그의 약점과 죄를 덮으시고 변함없는 파토스로 구원을 이루고 계십니다. 하나님의 약속 뒤에는 천년이 두 번 지난다 해도 변하지 않는 뜨거운 하나님의 파토스가 있습니다.

그 은혜를 잠시 잊은 아브람은 하나님의 특별한 보호로 큰 부를 갖게 되었습니다." 생육하고 번성하라는 축복"(1:28) 그의 허물과 실수와는 전혀 상관없는 하나님의 선물인 것입니다. 인생의 낙심 중에 하나님을 깨달은 아브람은 다시 처음 제단을 쌓고 예배했던 벧엘에 이르러 야웨의 이름을 부릅니다.13:4 이렇게 믿음으로 연단시키고 훈련시켜서 온전하게 믿음의 조상으로 만들어 가시는 하나님의 파토스는 하나님만 의지하게 합니다. 갈대아 우르를 떠날 때에도 가야 할 곳을 구체적으로 말씀하지 않으시며 매 순간 하나님을 의지하게 하셨습니다. 하나님의 파토스가 멈춰지지 않듯이 우리의 삶도 하나님의 지시하심에 눈을 떼어서는 안 되게 하신 것입니다.

이렇게 하나님의 파토스 안에 거하던 아브람과는 달리 부와 권력을 유지하기 위해 헤어진 롯은 소돔에 거하게 되나 반란의 도시가 되어버립니다.13:10 롯은 반란을 진압한 그돌라오멜과 그 군대에게 재산을 빼앗기고 포로로 잡혀가게 됩니다. 이에 도망 나온 사람으로부터 롯의 소식을 전해들은 아브람은 318명과 연합군의 도움으로 포로를 구하고 재산을 찾아주었습니다.14:13-16 그리고 아브람과 함께 하신 하나님의 파토스를 드러냅니다. 이 세상의 세력에 의해 찾아 온 불행과 파멸이 하나님의 파토스 안에 있는 아브람에 의해 극복되어집니다. 축복으로 인도하시는 하나님의 파토스는 언제나 축복의 주체가 되시는 것입니다.

그리고 그 축복이 하나님께서 기뻐하시는 믿음의 사람을 통하여 전해집니다. 하나님의 은혜와 사귐의 손길 속에서 승리하고 돌아온 아브람을 마중 나온 소돔 왕과 살렘왕이 있었습니다. 그들의 영접 중에 아브람과 함께하신 하나님을 인정하지 않은 소돔왕은 저주를 암시받게 되지만 하나님의 파토스를 인정하며 축복한 살렘예루살렘 왕 '멜기세덱' 야웨의 제사장은 신약에서 '그리스도의 모형' 이라히7장 칭함을 받으며 복을 받게 됩니다. 아브람이 전리품의 '10분의 1' 을시내산언약에서 구체화 멜기세덱에게 바치는 것으로 그의 고귀함을 인정한 것입니다.14:20

하나님의 파토스를 인정하는 사람들은 복을 받습니다. 그렇다면 하나님의 파토스와 함께하는 사람들의 복은 셀 수도 없을 것입니다. 아브람은 눈에 보이는 화려한 전리품을 취하지 않았습니다. 최초의 전투를 승리로 이끌어 주신 눈에 보이지 않는 하나님의 파토스를 확실히 드러냈습니다. 또한 하나님의 파토스가 방패 되셨음을 고백하였습니다.

3) 언약 속에 흐르는 하나님의 파토스(15:1-17:27)

내가 내 언약을 나와 너 및 네 대대 후손 사이에 세워서
***영원한 언약**을 삼고 너와 네 후손의 하나님이 되리라*(17:7)

어제의 역전의 용사였던 아브람이 인생을 두려워하는 나약한 모습을 보입니다. 하나님의 파토스를 인정하고 하나님께 감사했던 아브람이 그의 처한 상황을 보며 실망한 것입니다. 약속이 주어졌음에도 그는 아무 땅도 소유하지 못하고, 또 '자식' 도구속계시의 연결점 없었기 때문입니다. 이때에도 하나님은 아브람을 위로하셨습니다. 아브람의 방패가 되시며 상급이 되시는 하나님께서 용기를 주셨습니다.15:1 그러나 하나님의 위로를 듣고도 아브람은 화를 냈습니다. 하나님의 약속은 멀게만 느껴졌는지 자신의 행위로 이루려고 엘리에셀을 준비하기에 이르자,15:2 하나님은 종을 입양해서가 아니라 아브람의 정통 후사를 주실 것을 다시 말씀하십니다. 하나님은 너무나 자상한 아버지처럼 아브람의 편에서 처음 약속을 다시 확증하시며 구체적으로 확신을 주십니다. 아브람의 아들이 태어날 것이고 그 자손이 별처럼 셀 수 없이 많아 질 것이라는 하나님의 말씀은15:4-5 아브람을 믿음에 이르게 하셨습니다.

이때에 약속을 믿고자 하는 아브람의 믿음을 '의' 로쩨다카-사람과 하나님 사이의 성실한 관계 여겨주시는 하나님의 긍휼을 보게 됩니다.15:6 물론 아브람과 하나님 사이에 약속의 시간표는 달랐습니다. 미미한 변화에 인내심을 잃고 하나님께 항의언약의 성취가 14년 연장됨 하는 아브람과 이미 아브람의 후손들이 400년의 노예생활을 한 후에야 성취 될 것을 말씀하시는 하나님의 계획은 확실히 달랐습니다. 고통스러운 훈련기간이 필요함을 말씀하시며 목숨을 건 '언약' 의 행위를 하십니다.

다섯 종류의 쪼갠 동물사이를 지나가시며 '언약' 이히-베리트 깨질 때에 임할 '저주' 를 받겠다고 하십니다. 일방적인 서약이긴 했지만 연약한 아브람을 사랑하셔서 믿음을 주시려는 완벽한 표현이었습니다. 아브람이 잘 알고 있는 시대적 관습을 통해 약속을 이행할 것을 보증하십니다. 하나님의 파토스는 가장 낮은 곳에 있는 아브람에게 그 눈높이에 맞추어 임하십니다. 사랑하지 않고는 하나님으로써 도저히 하실 수 없는 모습들을 드러내십니다.

이렇게까지 했음에도 결국 사래의 욕심으로 후처를 맞아들이게 되고 임신으로 인해 가정의 불화를 가져오게 됩니다.16:2-4 임신한 하갈의 멸시를 못 참고 사래의 학대가 이어졌고 이로 인해 하갈은 도망을 하게 됩니다. 아브람과 사래의 불신의 행동 속에서도 그 실수마저 회복해 주시려고 도망가는 하갈을 만나주셨습니다.16:13 또한 축복을 약속하시고 돌아오게 하시는 하나님의 세심한 배려가 있었습니다.

그리고 믿음과 순종의 결단으로 '할례' 를 행하게 하십니다. 할례를 통해 구별된 자로 영원한 '언약의 표시' 를 갖게 하시는 것입니다.17:1-4 원래 성인 예식 때에 행해졌던 할례를 생후 8일 만에 행함으로서 언약 백성의 일생 전부가 하나님께 바쳐졌음을 나타내는 신앙 행위를 한 것입니다. 이것을 아브람을 통하여 시작하셨다는 것입니다.

아브람을 한 가정의 가장이라는 자리에서 민족의 자리로 바꾸어 가시는 동안 하나님의 약속은 희미해진 듯 보였습니다. 그러나 하나님은 아브람과 사래의 이름을 바꾸시며 민족의 아버지와 어머니가 될 소망을 주셨습니다.17:5, 15 하나님은 믿음을 요구하시지만 때론 하나님의 파토스를 통해 믿음을 불러일으키기도 하십니다. 어떤 때에는 언약의 말씀으로 어떤 때는 의식을 통해서 어떤 때는 실수와 포옹을 통해 믿음을 갖게 하시고 강하게 하십니다. 하나님의 파토스는 하나님의 백성에 대한 모든 것에 함께 하시며 연약한 우리를 만나주시는 것입니다.

4) 심판보다는 구원을 향한 하나님의 파토스(18:1-19:38)

여호와께서 이르시되 내가 만일 소돔 성읍 가운데에서
의인 오십 명을 찾으면 그들을 위하여
온 지역을 ***용서****하리라*(18:26)

상당한 시간이 흘러 아브라함은 천사로 착각하였던 하나님을 만나 신실하신 약속을 확인받게 됩니다. 하나님께 능치 못함이 없으시니 기한이 이르면 오셔서 아들을 주시겠다는 말씀을 듣게 됩니다.[18:14] 그리고 롯은 또 다시 큰 어려움을 당합니다. 악명 높은 소돔과 고모라의 죄가 극에 달해 하나님의 심판을 피할 수 없게 된 것입니다.[19:13] 대접해야 할 손님임을 감안하지 않는 그들의 사회적 타락과 동성을 욕보이려는 소돔의 악행이 비정상적인 죄악의 모습을 단적으로 보여줍니다.

하나님의 심판을 농담으로 여길 정도로 모든 것에 철저한 타락을 보여준 소돔과 고모라에 불과 유황의 심판이 정해졌습니다. 이 긴박한 순간 속에서도 하나님은 구원을 위한 파토스를 보이시며 모든 계획을 '나그네'를 대접하는 아브라함에게 알리셨습니다.[18:17, 암3:7] 하나님의 공의와 사랑에 탄원하며 중보적인 기도를 하는 아브라함에게 귀를 귀울이시며 구원의 길을 여십니다.[18:22-33]

거듭 바꾸시며 소돔을 용서하시려는 하나님의 끈질긴 '용서의 의지'가 담겨 있습니다. 그들이 회개하고 돌아오길 경고하시고 권면하시는 하나님의 파토스가 가득 묻어납니다. 결국 소돔과 고모라는 그들의 악행으로 스스로 하나님의 긍휼로부터 벗어났습니다. 구원을 위해 직접 확인 하시려고 내려 오셔야만 했던창18:21 하나님의 파토스를 눈물 나는 심판으로 연결시키고 말았습니다. 그 성을 심판하시는 중에서도 아브라함을 생각하셨습니다.19:29 그래서 지체하는 롯과 가족을 그 손으로 잡아주셨습니다. 무서워하는 롯을 위해 잠시 머물게 된 소알을 멸망에서 제외하시는 은혜를 베푸십니다.19:22 하나님의 언약 속에 담긴 풍성함을 깨닫지 못하고 물질적인 가치관을 좇았던 롯의 아내는 '뒤를 돌아보지 말라' 는하나님이 직접 행동할 때 명령을 어기며 죽음에소금기둥-불신앙의 기념물 이르게 되었습니다. 세상과 타협하여 비참함을 맛보았던 롯 역시 근친상간으로 암몬과 모압 족속을 만들어 후에 아브라함의 자손들에게 숙적을 만드는 아픈 결과를 낳게 됩니다.19:30-38 이러한 방황과 아픔이 거듭될수록 아브라함을 선택하신 하나님의 계획은 아브라함의 치부까지도 덮으시므로 약속에 대한 하나님의 의지를 보이시며 더 깊은 하나님의 파토스로 인도하시게 됩니다.

5) 결코 변치 않는 하나님의 파토스(20:1-21:34)

그 때에 아비멜렉과 그 군대 장관 비골이
아브라함에게 말하여 이르되 네가 무슨 일을 하든지
하나님이 너와 ***함께*** *계시도다*(21:22)

믿음의 모습과 불신앙이 거듭 반복되는 가운데, 담대하게 소돔의 구원을 위해 간구했던 의로운 선지자가 또 다시 교활하고 소심한 불신의 모습을 보여주고 있습니다.창20:1-18 12장에서 연약했을 때와는 달리 지금은 이미 많은 위험으로부터 여러 차례 구원을 체험했고 많은 시간이 흘렀으며 하나님을 뜨겁게 경험하였습니다. 아브라함의 인생에서 그 언약을 이루어 가시며 함께 친밀함을 나누시는 하나님의 파토스를 빼고서는 아예 말 할 수도 없이 은혜를 받은 사람이었음에도 또 다시 두려움에 나약함을 드러내고야 맙니다. 하나님의 은혜의 돌봄과 그렇게나 많은 사귐의 행동에 대한 믿음을 버리고 자신의 꾀를 의지하였습니다. 그러나 하나님은 아브라함과 달랐습니다. 자신의 백성에 대해 상처뿐이다 할지라도 그 언약에 대해 변치 않으셨습니다. 어떠한 배신과 배반 속에서도 결코 변하지 않는 하나님의 파토스가 아브라함의 실패를 선으로 바꾸고 계십니다.

하나님을 두려워하였던 아비멜렉을 저지하시어 사라를 보호하셨습니다. 하나님의 자비하심 때문에 관대한 선물도 보상을 받았고 하나님은 아브라함을 부유하게 하셨으며 방목권까지 얻게 하셨습니다.20:15

아브라함의 어리석은 가운데 부지런한 하나님의 파토스가 언약을 성취하고 계셨습니다. 아브라함에 대한 아비멜렉의 긍정적 태도는 태의 문을 열게 하는 하나님의 자비하심을 알게 됩니다. 최초의 '선지자' 적인 아브라함의 기도로"너를 축복하는 자에게 내가 복을 내릴 것이다"(창12:3) 무한한 능력의 하나님을 나타내십니다.

그리고 하나님의 약속은 마침내 아브라함과 사라에게 성취되어 '이삭' 이 출생하게 됩니다.21:1-4 길고 긴 기다림 끝에 불신앙의 늪을 건너 얻은 승리의 기쁨이기도 했습니다. 이삭에게 할례를 행하는 아브라함과 사라의 기쁨은 말할 수 없었을 것입니다. 이로 인해 대립되던 이스마엘이 쫓겨났고 큰 민족을 이룰 것이라는 하나님의 약속 가운데서 생명을 구원받았습니다.

하나님은 약속하신 아브라함과 사라에게 뿐 아니라 울부짖는 하갈과 이스마엘에게도 신실하게 응답하셨고창16:13, 21:19 약속을 성취할 유일한 자녀로서의 이삭의 지위를 확정해 주셨습니다.

아비멜렉과의 '계약' 을창21:22-34 통해 브엘세바 부근의 우물에 대한 합법적인 소유권을 얻었습니다. 하나님의 언약의 성취를 향한 작지만 결정적인 한 걸음이었으며 이것으로 아브라함에 대한 하나님의 언약의 성취는 더 분명해졌습니다. 아브라함은 하나님께 감사하며 경배했습니다. 아비멜렉의 확신창21:22-23 속에서 아브라함은 하나님의 파토스로 인해 이미 복이 되어 있었습니다.

6) 아브라함을 믿음과 순종으로 이끄신 하나님의 파토스

(22:1-25:11)

내가 네게 큰 복을 주고 네 씨가 크게 번성하여 하늘의 별과 같고 바닷가의 모래와 같게 하리니 네 씨가 그 대적의 성문을 차지하리라 또 네 씨로 말미암아 천하 만민이 복을 받으리니 이는 네가 나의 말을 ***준행****하였음이니라 하셨다 하니라*(22:17-18)

거친 세월을 살아오며 수많은 시련을 이겨냈던 아브라함은 하나님의 벗이라는 칭함을 받는 믿음을 갖게 되었습니다. 그런데 하나님은 아브라함을 부르시며 그의 아들인 이삭을 번제로 바치라고 하십니다.22:2 아브라함의 고향과 친척을 떠나라는 처음 명령에는 비교 할 수도 없는 이 잔인한 명령에 아브라함은 고통스러웠을 것입니다. 아들인 이삭을 희생제사로 바치기 위한 준비는 고독했으며 애절했습니다. 자녀를 제물로 바친다는 것은 당시에 우상숭배에 만연한 관습이었습니다. 그렇기 때문에 하나님의 본성 자체에도 어긋나는 일이었습니다.

그러나 아브라함은 순종했습니다. 아브라함은 사흘 동안 고통하는 과정에서 마지막까지 '순종'을하나님에 대한 경외 배웠습니다. 또한 지금까지 선하신 뜻으로 인도하신 하나님을 기억해냈습니다. 하나님의 명령에 순종하여 형통했던 삶을 돌이키며 하나님만 바라보았습니다. 하나님에 대한 가장 깊은 사랑을 드러내기 위해 아브라함의 믿음과 순종을 쏟아 부었습니다. 아브라함은 이미 하나님과 '벗'이 될 만큼 하나님의 파토스 안에서 살아왔으며 그 인도하심을 경험하며 알았기에 쌓여왔던 모든 신뢰와 은혜가 순종의 열매로 나올 수 있었던 것입니다.

그리고 동시에 출애굽 한 이스라엘 백성에게 순종을 가르치고 계십니다. 우리의 신앙에 도전하고 계십니다. 이렇게 이삭이 순종하여 제단에 제물이 되는 것을 묵묵히 받아들이는 것처럼, 아브라함 역시 하나님 아버지의 신뢰할 수 있는 뜻에 순종으로 답하였습니다. 그리고 하나님을 경외하는 믿음을 확인하신22:11-12 하나님께서는 아브라함뿐만 아니라 이삭에게도 축복을 약속하셨으며 모든 필요를 채우시는 하나님은 리브가를 준비하십니다. 하나님의 파토스 안에서 오랜 '믿음의 순례' 를나그네의 신학 해온 아브라함은 다시금 깨닫게 됩니다.

하나님의 약속은 이삭에 의해서가 아니라 하나님에 의해서 이루어진다는 것을 알게 됩니다. 오직 하나님께서 준비하시는 것입니다.[22:14] 아브라함과 이삭은 모든 약속의 보증은 하나님이심을 고백하게 되었습니다. 그래서 '하나님의 언약' 인 것이며 그 언약이 성취됨을 의심해서는 안 되는 것입니다.

후에 사라의 죽음을 통해 에브론의 '막벨라 굴' 을 은400세겔에 사며 가나안 일부의 합법적인 주인이 됩니다.[23:20] 하나님의 약속이 실현되는 첫 걸음이 시작된 것입니다. 이렇게 약속의 땅으로 돌아올 기반을 만들게 하시고 하나님의 약속을 이루어갈 '씨' 를 만들어 가십니다.

이삭과 함께 약속을 받을 순수한 혈통의 리브가를 만나도록 믿음의 종을 보내십니다. 그래서 아브라함의 친족 중에서도 활동적이며[24:20] 손님접대를 잘하고[24:14] 믿음의 여인으로[24:28] 부름에 합당한 리브가를 단번에 만나게 하십니다. 사람의 모든 삶에 은밀히 개입하시는 하나님의 손길 속에서 믿음의 사람들이 협력하여 하나님의 뜻을 이루었습니다. 천부적인 재능도 있었고 설득력 있었던 종이었음에도 불구하고 기도의 능력을 의지하는 종으로 중대한 결혼을 위한 임무를 충성되게 수행하였고, 하나님은 모든 곳에 하나님의 파토스의 손길로 개입하셨습니다. 하나님의 축복은 어디에나

머물러 은혜의 돌봄과 사귐의 행동하심으로 나타내셨습니다.

사라의 죽음 후에 아브라함은 새 아내 그두라를 통해 시므란, 욕산, 므단과 미디안, 이스박과 수아를 낳게 됩니다.25:1-6 아브라함을 통해 많은 민족을 이루실 하나님의 뜻은 확신 있게 진행되어 갔습니다. 175세의 아브라함이 생을 마치며 열조에게로 돌아가는 그 날까지 언약의 기초를 이루고 또한 이삭을 통해 또 그 후손들을 통해 변함없이 성취될 하나님의 언약을 믿었습니다. 그리고 그 언약을 이루시기 위해 이삭과 그 후손들에게 향하실 하나님의 파토스에 기대와 소망을 품고 막벨라 굴에 장사되게 됩니다.

7. 톨레도트: 이스마엘의 톨레도트를 통해 보여주시는 하나님의 파토스(25:12-18)

사라의 여종 애굽인 하갈이 아브라함에게 낳은 아들
이스마엘의 ***족보****는 이러하고*(25:12)

이스마엘은 모든 형제의 동방에 살 것16:12 이라는 확답과 열 두 방백의 아비가 되어 큰 민족이17:20 될 것이라는 약속을 받았습니다. 그럼에도 이스마엘은 창세기에 기록된 하나님의 약속의 전개에서 외면당하는 사람처럼 보입니다. 그러나 이스마엘 역시 하나님의 약속의 주체였습니다. 정통적인 약속의 자손은 아니었지만 하나님은 이스마엘에게도 선하심으로 나타나셨으며 하나님의 파토스로 함께 하셨습니다. 아브라함에 대한 약속을 이스마엘에게도 성취하셨습니다. 137세까지 살았던 이스마엘이 생육하고 번성하여 12아들을 낳았고 12방백을 이루었습니다. 확실한 하나님의 약속의 성취였습니다.[25:12-18]

또한 선택받지 못한 자의 이야기를 선택된 혈통 이삭의 역사 앞에가인은 셋 앞에, 야벳과 함은 셈 앞에, 에서는 야곱 앞에 다루시며 약속을 믿게 하십니다. 이스마엘에 대한 작은 약속도 이루셨다면 선택받은 이삭을 통해 이루실 더 큰 약속의 성취를 믿게 하시는 것입니다. 현재 진행 중인 언약의 확신이 이 짧은 가족의 역사 안에 있는 것입니다.

이스마엘의 톨레도트는 이삭을 통해 신실한 언약의 성취를 이루어 가실 하나님을[사55:11] 보게 하시며 소망을 품게 하십니다. 모든 삶에 은밀하게 그리고 아주 세세하게, 구석구석 따뜻한 손길로 펼쳐지는 하나님의 파토스를 느끼게 하십니다.

8. 톨레도트: 이삭의 톨레도트를 통해 보여주시는 하나님의 파토스(25:19-35:29)

1) 특별한 번영으로 함께하시는 하나님의 파토스(25:19-26:33)

이삭이 그 땅에서 농사하여 그 해에 ***백 배****나 얻었고*
여호와께서 복을 주시므로(26:12-13)

아버지 아브라함에게 준 언약이 축복의 아들 야곱에게 넘겨지기까지 순종의 삶을 살아간 이삭은 하나님의 계획을 위한 언약의 징검다리였습니다.26:3-4 리브가와 결혼 하였지만 자녀가 없었던 이삭은 아브라함의 잘못된 전처를 밟지 않고 20년을 기도로 기다리다가 쌍둥이를 얻은 인내의 사람이었습니다. 또한 이삭은 극심한 흉년 가운데서도 하나님의 말씀에 순종하여 100배의 결실을 맺었으며26:12 아버지의 신앙과 전통을 이어 우물을 팠습니다.

하나님의 부르심에 충실하였던 이삭은 하나님의 축복을 쌍둥이 아들에게 이어 주었습니다. 그의 믿음의 결과 하나님의 언약은 둘째 아들 야곱을 통해 "큰 자가 어린 자를 섬기리라" 확장되어 집니다.25:23 하나님의 모든 계획을 하나님의 뜻대로 이루어 가시며, 선택한 백성으로 거룩한 축복의 흐름을 기쁘게 이어 가십니다.

물론 이삭의 모든 것이 합당한 것은 아니었습니다. 자신의 아내를 지키지 못하였을 때에도 하나님은 직접 개입하셔서 이삭에 대한 하나님의 파토스를26:8-10 어김없이 나타내 보이셨습니다. 그의 소심한 반응과 많은 실수에도 하나님은 늘 함께 하셨습니다. 오히려 아주 특별한 번영으로 축복해 주셨습니다.

이삭을 향하신 하나님의 축복을 고백하는 그랄의 사절단과 블레셋 왕 아비멜렉은 이삭과의 동맹이 자기 백성들에게도 축복이 됨을 인정하게 됩니다.26:29 하나님의 파토스는 하나님의 사람을 만나는 어느 누구에게나 명백한 증거가 되었습니다.

하나님은 이삭을 조용히 인도하시며, 약속의 후계자로 은혜를 주시고 돌보아 주십니다. 그리고 이삭에 대한 하나님의 파토스는 하나님의 계획대로 야곱에게 함께 하십니다.

2) 야곱을 통해 언약을 확장하시는 하나님의 파토스(26:34-32:32)

내가 너와 함께 있어 네가 어디로 가든지 너를 지키며
너를 ***이끌어*** *이 땅으로 돌아오게 할지라*
내가 네게 허락한 것을 다 이루기까지
너를 떠나지 아니하리라 하신지라(28:15)

이삭이 40세에25:20 결혼해서 간절히 기도하여 60세에25:26 낳은 쌍둥이 아들이 커서 부모의 축복을 받는 절차를 남겨 놓고 있습니다. 그런데 축복을 주시는 하나님의 주권' 을 생각지 않고 하나님의 약속을 경시하며히12:16 우습게 생각했던 에서는에돔인들-이스라엘의 원수(오바댜서) 이삭과 리브가의 근심이 되었습니다.26:35 반면에 하나님 나라의 유업을 받는 장자의 명분을 소중히 여겨 욕심을 부린 야곱은 하나님의 은혜로 선택을 받습니다. 그리고 생존과 번성을 위한 치열하고 고달픈 삶을 시작합니다.

믿음직스럽지 못하고 자만하며, 자기중심적인 야곱이 하나님의 약속에 순종했다기보다는 하나님의 주권적인 은혜의 약속이 그를 움직이게 했습니다. 하나님의 파토스는 그의 삶 속에서 오직 은혜로모든 성실하심(에메트)과 모든 신실하심(헤세드) 함께 하셨습니다.

형의 축복을 가로채 도망가는 야곱이 '루스' 라는 마을인 벧엘에서하나님의 집 꿈을 통해 하나님의 동행하심을 약속받습니다.28:15 외삼촌라반의 집에서 보낸 20년은 속고 속임의 연속으로 얼룩졌으나 이러한 인간의 죄에도 불구하고 하나님의 계획은 계속 진행되어 집니다.

야곱의 부인 레아를 통해 이스라엘의 6지파를르우벤, 시므온, 레위(제사장직무), 유다, 잇사갈, 스불론 준비하셨고 라헬의 시녀 빌하를 통해 2지파단, 납달리 레아의 시녀 실바를 통해 2지파갓, 아셀 그리고 라헬을 통해 2지파가요셉(에브라임/므낫세), 베냐민 준비되었습니다.

야곱을 축복하시는 하나님의 파토스는 야곱으로 부유하게 하셨습니다.30:43 삼촌 라반에게 품삯이 열 번이나 바뀌는 부당한 대우를 받았으나, 하나님께서는 그때마다 그 부당한 대우를 역으로 이용하시어 야곱의 것이 더 많아지도록 바꾸어 주셨습니다.31:7-13 하나님의 손길은 야곱을 향하여 따뜻했습니다. 늘 한결 같으셨습니다. 고향으로 귀가하려는 야곱은 지체되었지만 하나님의 언약은 그의 지체가운데서도 성실히 준비되었고 12지파의 조상들이 출생함으로 야곱의 후손들에 대한 약속이 풍성히 성취됨을 보게 됩니다.

라반의 부당한 대우에 지치고 그의 태도가 예전 같지 않자 하나님의 말씀대로 고향으로 돌아갈 결심을 하게 됩니다.31:3 그리고 하나님을 의지하여 움직였어야 하지만 야곱은 라반이 집에 없는 틈을 타서 몰래 도망가는 길을 선택했습니다.31:20

뒤늦게 소식을 들은 라반이 무섭게 뒤 쫓아 오는데 하나님은 급하게 라반을 만나 단판을 지으십니다. 야곱을 향하신 하나님의 파토스를 접한 라반은 그가 가진 분노를 누그러뜨립니다.31:29 그리고 야곱을 찾았습니다. 하나님을 체험한 후였기 때문에 라반은 조심스러웠습니다. 그의 우상이었던 드라빔을 찾지 못하고 야곱의 질책이 계속되는 중에도 야곱의 마음을 달래주려 애를 쓰고 있습니다. 서로 떨어져 있어도 라반과 야곱 사이에서 감찰하실 하나님의 도우심을 구하며 미스바 언약을 세웁니다.31:49 라반의 화를 거두게 하시고 남아 있는 미련을 버리게 하신 후 딸들과 손자들에게 작별을 고하게 하십니다. 하나님께서는 야곱을 해칠 수 있는 격한 상황에서 쌓인 감정을 풀고 축복하는 상황에 이르게 하셨습니다. 하나님의 자녀에게 언약하신 은혜에 기초한 하나님의 파토스는 대 반전을 이루셨습니다.

야곱은 라반을 떠나 약속의 땅으로 돌아오는 얍복 나루에서 다시 한 번 하나님의 약속을 확인브니엘의 사건-인격적으로 만나주심하게 됩니다. 복을 구하는 야곱에게 복을 주시는 하나님의 사랑이32:22-32 인간의 한계를 여지없이 드러내고 고민하는 야곱에게 큰 소망이 되어 집니다. 이렇게 하나님의 얼굴을 보고도 죽음을 면하게 해 주시는 놀라운 사랑을 경험하였습니다. 유랑하는 야곱에게이스라엘 보여주신 하나님의 파토스는 상상을 초월한 사랑이었습니다. 오직 은혜로 돌봐주시며 언약으로 사귀어 주시는 모든 행동으로 하나님의 언약은 점점 더 생생하게 다가오십니다.

3) 약속의 자손을 벧엘로 인도하시는 하나님의 파토스(33:1-35:29)

우리가 일어나 ***벧엘****로 올라가자 내 환난 날에*
내게 응답하시며 내가 가는 길에서 나와 함께 하신 하나님께
내가 거기서 제단을 쌓으려 하노라 하매(35:3)

긴 '타양살이'를 마치고자 20년 만에 에서에게로 돌아오는 야곱의 마음은 긴박함 속에서 형과의 행복한 재회를 하게 됩니다. 형의 마음을 움직이신 하나님의 은혜로 극적인 상봉을 하여 화해를 이룬 것입니다.[33:4] 또한 에서의 축복을 돌려주며 묵혀 왔던 과거의 모든 짐들을 내려놓게 되었습니다. 고향을 떠나 가정을 이루고 부를 이루어 다시 돌아오기까지 하나님의 은혜의 돌보심 덕분이었습니다. 외롭고 힘든 모든 여정 가운데 하나님의 돌보시는 손길이 함께 하셔서 자신의 죄와 연약함을 이겨낼 수 있습니다. 야곱과 함께 좌절과 기쁨을 감당하셨던 하나님의 파토스는 평안을 가져다 주셨습니다.

이렇게 하나님의 선하신 뜻은 야곱을 최고의 환경으로 이끌어 주셨는데 야곱은 세겜에 머무르며 정착하고 맙니다. 언제나 하나님보다 한 발 앞서 자신의 살길을 챙겨 왔던 야곱이, 역시 기도하지 않음으로 험한 길을 자초하게 된 것입니다. 결국 야곱의 소외를 받았던 레아의 외동딸 디나가 세겜에서 욕을 당하게 되었습니다.[34:1-4] 돈으로 보상해보려는 세겜의 불손한 태도와[34:6-10] 야곱의 무심한 대처가 시므온과 레위의 마음에 불을 질렀고 대학살이 일어납니다.[34:24-29]

야곱은 가나안과 브리스 사람들을 적으로 만든 아들들의 잘못을 질책합니다. 자신과 자신의 집이 멸망당할 것을 걱정하는 야곱에게 하나님께서 찾아 오셨습니다. 결국 선택의 여지없이 인간의 죄로 지연된 하나님의 약속을 위해 하나님의 파토스로 이끄시며 벧엘로 가게 됩니다. 근친상간의 죄와장남 르우벤이 아버지의 첩인 빌하와

근친상간을 범한 편애로 인한 자녀들 간의 불화로 야곱의 말년이 황폐하게 된 듯 보이나 한 인간의 삶 속에서 일하시는 하나님의 이야기는 늘 뜨겁습니다. 그리고 야곱을 통해 늘 안타까운 하나님의 사랑을 볼 수 있습니다.

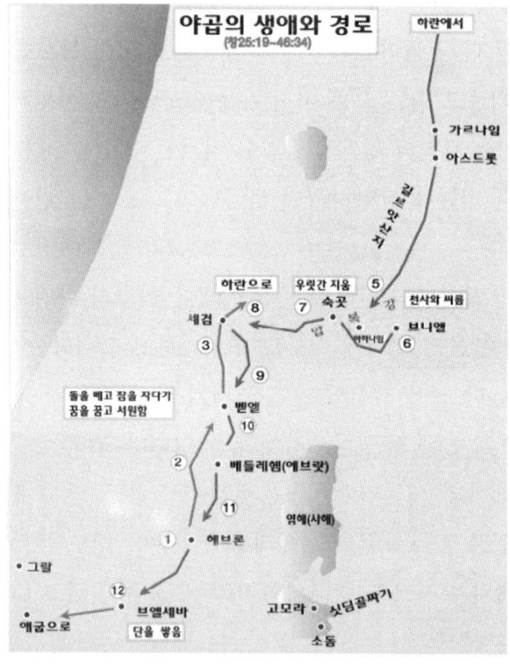

'선택된 자' 임에도 불구하고 하나님의 정의는 피할 수 없으며, 모든 치부를 숨김없이 드러내십니다. 삶의 밝은 부분보다는 어두움이 더욱 두드러졌던 야곱의 이야기는 출애굽 한 이스라엘 '신앙공동체' 에게원 청중 도전이 되었을 것입니다.

새 이스라엘이 되어 가는 과정 속에서 그들은 자신들의 정체성을 확인하고 하나님의 약속을 바라보며 하나님의 파토스에 눈물을 흘렸을 것입니다. 하나님의 뜻을 묻지 않고 행해져서 겪어야만 했던 야곱의 서러운 날들을 떠올리며 드디어 하나님을 향하여 얼굴을 듭니다. 늘 그 얼굴을 야곱에게로 향하셨던 하나님께로 돌아옵니다. 그의 환난 날에 응답하시고 가는 길마다 함께 하신 하나님 앞에 진정한 예배자로 거듭나는 것입니다.[35:3]

그리고 참된 안식이 있는 하나님의 집인 '벧엘'로 올라갑니다. 함께 한 모든 자들이 일어났습니다. 택하신 백성들의 죄 가운데서도 풍족한 부를 허락하셨던 하나님께서는 목숨이 위태한 상황에서도 오히려 가나안 족속들이 크게 두려워하게 하셨습니다. 그 누구도 그들을 추격하는 자가 없었습니다.[35:5] 아버지 이삭이 180세에 열조에게 돌아가므로[35:28] 이삭의 톨레도트는 끝이 나고 야곱과 그의 아들들에게 이어 가시는 하나님의 은혜가 계속되어 집니다. 또한 인도하시는 하나님의 파토스는 약속의 자손 뿐 아니라 에서에게도 공평하게 함께 주셨습니다.

9. 톨레도트: 에서의 톨레도트를 통해 보여주시는 하나님의 파토스(36:1-37:1)

에서 곧 에돔의 ***족보****는 이러하니라*(36:1)

아브라함에게서 시작된 하나님의 구속 전략과 직접적인 관련은 없으나 하나님은 에서를 돌아보시는 파토스를 잊지 않으십니다. 아브라함의 자손을 통해 모든 민족을 축복하시는 하나님의 파토스는 가나안을 떠나 에돔을 이룬 에서에게 함께 하셨습니다.

약속의 아들이 아니었음에도 번성하여 대국을 이루었다면 그리고 후에 이스라엘에 복속 되는 예언을 이루었다면 더 중요한 예언의 성취는 당연한 것입니다. 아브라함과 이삭 그리고 야곱에게 약속하시며 성취하신 언약에 대한 확실한 증언은 연약한 우리를 믿음으로 이끌어 주시는 하나님의 파토스입니다.

10. 톨레도트: 야곱의 아들 요셉의 톨레도트를 통해 보여주시는 하나님의 파토스(37:2-50:26)

아브라함과 이삭과 야곱의 하나님으로 그 약속을 이루기 위한 하나님의 은혜의 돌봄과 사귐의 행동인 하나님의 파토스는 꿈꾸는 자 요셉을 통해 은밀하게 섭리하시며 함께 하십니다.

1) 형제들의 악행 속에서도 보호하시는 하나님의 파토스(37:2-37:36)

그 때에 미디안 사람 상인들이 지나가고 있는지라
형들이 요셉을 구덩이에서 끌어올리고
은 이십에 그를 이스마엘 사람들에게 팔매
그 상인들이 요셉을 데리고 ***애굽으로*** *갔더라*(37:28)

라헬에게서 얻은 자녀라는 이유로 사랑받아 채색 옷을 입혀 주었던 야곱의 편애와 요셉의 꿈은 레아에게서 난 형들을 자극시켰습니다.37:1-11 그러던 중 지난 날 디나의 사건으로 염려가 되어 세겜에서 양을 치는 형들의 안부를 물으러 요셉을 보내게 됩니다. 악을 행할 좋은 기회를 잡은 형들은 요셉을 잡아 죽이려 하다가 결국 노예로 팔아 버리게 됩니다.37:28

이렇게 요셉은 17세의 나이에 종의 신분으로 애굽에 팔려 파란만장한 생애를 시작하게 되는 것입니다. 애굽의 시위 대장 보디발의 집에서 종살이를 합니다. 그러나 하나님은 요셉의 이야기를 통해 '섭리' 하시고 '역사' 하셨습니다. 형들의 악한 계획 속에서도 보이지 않는 하나님의 '손길' 은 요셉을 인도하셨고 요셉을 통하여 하나님의 성실하심을 전하실 것입니다. 요셉을 통하여 땅의 모든 열방을 축복하시려는 하나님의 뜻이 이루어지게 됩니다. 하나님의 은혜가 세상에 전해지는 첫걸음이었습니다. 그리고 하나님의 파토스가 요셉과 함께 가십니다.

2) 예언된 구원의 길을 직접 준비하시는 하나님의 파토스(38:1-38:30)

그 손을 도로 들이며 그의 아우가 나오는지라 산파가 이르되
네가 어찌하여 터뜨리고 나오느냐 하였으므로
그 이름을 ***베레스****라 불렀고*(38:29)

요셉이 팔려간 긴박한 상황 가운데 갑자기 유다의 가정 이야기가 소개되고 있습니다. 거룩하지 못한 야곱의 아들 유다와 그의 아들들의 죄악 중에도 하나님의 구원 계획은 멈춰지지 않는다는 하나님의 확고한 의지를 보여 주시는 것입니다. 유다는 두 아들을 그들의 악행으로 잃고 막내를 보호하려는 아버지의 마음이 어리석게도 죄를 짓게 되었습니다.38:14

계대 결혼으로 기업을재산과 대 이어 주어야 하는 약속을 지키지 않자 며느리 다말에게 속아서 불륜을 저지르게 됩니다. 유다는 자신의 잘못을 인정하며 다말의 의로운 행위에 손을 들어 줍니다.38:26 그렇게 해서 얻은 쌍둥이 아들 중 베레스를룻4장 통하여 보아스를 그리고 다윗의 자손으로 그리스도 예수가 오실 것을 준비하셨습니다.

인간의 모든 계획은 악하며 하나님의 뜻은 안중에 없었으나 하나님은 손수 모든 길을 헤쳐 밝게 열어 놓으셨습니다. 이보다 더 완벽한 예증은 없었습니다. 또한 이 후에도 영원히 함께 하실 하나님의 파토스와 변함없는 하나님의 약속을 믿게 합니다.

애굽으로 팔려가는 어둠의 터널이 길고 험하다 하여도 그리스도까지 구원을 열어 놓으신 하나님의 구원 계획은 분명하며 확실합니다. 그리고 약속을 성취하시기 위한 하나님의 파토스를 체험하게 됩니다.

3) 축복의 통로로 만드시는 하나님의 파토스(39:1-41:57)

바로가 또 요셉에게 이르되 내가 너를 애굽 온 땅의
***총리**가 되게 하노라 하고*(41:41)

애굽의 고위 관리인 보디발의 집에 팔려간 요셉은 밖에서 일하는 일반 노예에서 집안에서 일하는 노예로, 보디발의 개인 수행원이었다가 온 집을 책임지는 형통함'하나님의 돌보심'과 '요셉의 충직성'을 이루었습니다. 하나님께서는 요셉을 위하여 그가 유하는 곳에 복을 내리셨습니다.39:5 하나님의 복이 안 미친 곳이 없으므로 가는 곳마다 충직한 요셉이 인정을 받았습니다. 13년의 노예 생활에서 오직 하나님께서 요셉과 함께 하시는 은혜가 요셉을 이끄셨습니다. 보디발의 아내에게 억울한 누명을 쓰고 깊은 나락으로 떨어지는 듯 했으나 왕궁의 감옥에 갇히게 되므로 인정을 받고 죄인들을 관리하기에 이릅니다. 어느 곳에 있던지 하나님의 복을 받으며 39:22-23 그곳에서 또 다른 기회를 얻게 됩니다.

보이지는 않았지만 늘 요셉과 함께 하신 하나님께서는 요셉을 범사에 형통하게 하셨고39:21-23 옥중에서도 술 맡은 관원의 꿈을 풀이해 주었습니다. 그리고 술 맡은 관원은 그대로 복직되었습니다. 술 맡은 관원 장은 2년 동안 요셉을 기억하지 않고 잊었으나 40:23 바로 왕에게 꿈을 주신 하나님의 계획은 꿈꾸는 요셉을 생각나게 하셨습니다. 결국 바로 왕의 '꿈'을두번-확실함, 실현될 것 풀이하여 30세에 총리가 되었습니다.41:41-44 놀라우신 하나님의 파토스는 역사를 주관하시며 여전히 요셉과 함께 하셨습니다. 물론 하나님은 요셉에게 직접 나타나 보이신 적은 없었습니다. 그러나 요셉의 삶 속에서 역사하신 하나님의 인도하심은 누구보다도 분명했습니다. 이는 풍년 속에서 얻은 두 아들을므낫세-고난을 잊게 하심, 에브라임-창성케 하심 통해 하나님의 은혜를 기억하고 있음을 알 수 있습니다.

요셉은 하나님의 능력으로 존귀하게 되었음을 인정했습니다. 배신과 외로움 그리고 고된 노동과 억울한 모든 상황 속에서도 하나님은 함께 하셨습니다. 따뜻하지만 안전할 수 없었던 아버지의 품에서부터 노예와 죄인으로 징검다리를 놓으셨고 결국엔 왕의 대리자로 세움을 받았습니다. 바로의 궁에서 하나님의 파토스를 뜨겁게 회고하는 요셉은 이미 약속의 선두 주자로서 큰 감격을 맛보았을 것입니다.

4) 땅의 모든 족속이 복을 받게 하시는 하나님의 파토스(42:1-50:26)

당신들은 나를 해하려 하였으나 하나님은 그것을
선으로 바꾸사 오늘과 같이 ***많은 백성****의 생명을 구원하게*
하시려 하셨나니(50:20)

하나님께서 그의 범사에 형통케 하심이 요셉의 삶뿐만 아니라 가나안에 두고 온 야곱과 형제들에게 그리고 주변 나라들에게 미치게 됩니다. 기근을 피하기 위해 식량을 얻고자 애굽을 찾아 온 형제들과 그들을 알아본 요셉은 회개를 유도합니다.

3차례에 걸쳐 애굽과 가나안을 오고 가는 동안 서로의 불화를 깨고 재회 합니다. 하나님의 섭리와 통치를 인정한 요셉의 관대한 처사가 모든 민족이 복을 받게 하는 통로로 열리게 됩니다. 요셉을 해하려 하였으나 하나님께서 선으로 바꾸시며 만민의 생명을 구원하셨다는 것입니다.50:20 이 고백을 통해 하나님의 언약이 성취됨을 예고합니다. 하나님의 파토스는 하나님의 백성을 향하시며 그들을 통해 하나님의 축복이 땅의 모든 족속에게 임하기를 바라셨습니다.창12:3, 22:18, 26:4, 28:14

애굽에서 최고의 대우를 받으며 자리를 잡게 된 야곱의 가족들 '70명' 70은 완전하고 거룩한 수은 하나님의 선하신 뜻대로 생육하고 번성하며 축복을 받게 됩니다. 죽음을 앞두고 예언적인 유언을 하는 야곱의 축복은 결정되어 있는 숙명을 말하는 것이 아닙니다. 주어진 은사를 최대한 활용하며 예언 성취의 유동을 원하시는 하나님의 요구입니다.

장자 르우벤은 아버지의 침상을 더럽히는 죄를 지어35:22 12지파 중에 보잘 것 없는 지파가 됩니다. 그리고 시므온은유다지파에 흡수 레위와 연합하여 할례의 언약을 속임수로 사용하여 대학살을 주도하였으므로 흩어지게 됩니다. 그러나 48개의 성읍으로 흩어진 레위는 하나님에 대한 열심으로출32:26 제사장 지파로 복을 받게 됩니다.

그리고 네 번째 유다는 하나님의 은혜의 결과로 위엄을 갖게 되며, 메시아적 인물이 나타날 것과 이스라엘의 지도자로 축복을 받습니다. 또한 모진 학대와 박해에도 견고했던 요셉은 풍요와 확실한 안전의 축복을 받습니다. 그리고 다른 아들들에 대한 예언 역시 하나님의 주권과 지파의 반응에 따라 이루어집니다.

약속이 다 이루어지지 않은 상황에서 하나님과 동행한 야곱은 자신의 부족함 때문에 파란만장한 연단 과정을 거쳤으나 하나님의 뜻은 반드시 이루어질 것을 확신하였습니다. 그리고 요셉에게 자신을 조상의 '묘지'에 묻어 달라고 부탁합니다. 또한 147세를 살며[47:28] 평생 함께 해 주신 넘치는 하나님의 파토스를 찬양하며 열조에게로 돌아갑니다.

한평생[17세에 애굽으로 팔려와 93년을 삶] 하나님과 동행한 요셉 역시 아직 성취되지 않았으나 앞으로 성취될 땅에 대한 하나님의 약속을 후손들에게 신앙의 유산으로 남기며 '생'을[110세] 마감합니다.[50:26]

언약을 이루기 위한 하나님의 신실하심과 초자연적인 인도하심은 택함 받은 족장들을 믿음으로 이끌어 주셨습니다. 또한 약속의 성취를 위한 하나님의 파토스는 전적으로 자비하신 하나님의 손에 있음을 알게 하십니다. 그들의 업적이나 기득권에 있는 것이었다면 그것은 더 이상 은혜가 아닌 것이기 때문입니다.

창세기에 담긴 하나님의 사랑이 언약의 자손들을 움직이게 했습니다. 죄인을 사랑하신 하나님의 주권과 선택된 자들이 순종하도록 도우신 하나님의 파토스가 언약으로 소망을 갖게 하십니다. 택하신 자를 향하신 하나님의 구원 의지는 변함이 없으며 은혜의 돌봄과 사귐의 행동은 결코 멈추지 않습니다. 온 세상을 다 동원하여 하나님의 파토스를 보게 하시며 만나게 하십니다. 그리고 출애굽을 향한 하나님의 열정의 파토스가 언약 속에 담겨 장엄하게 전개됩니다.

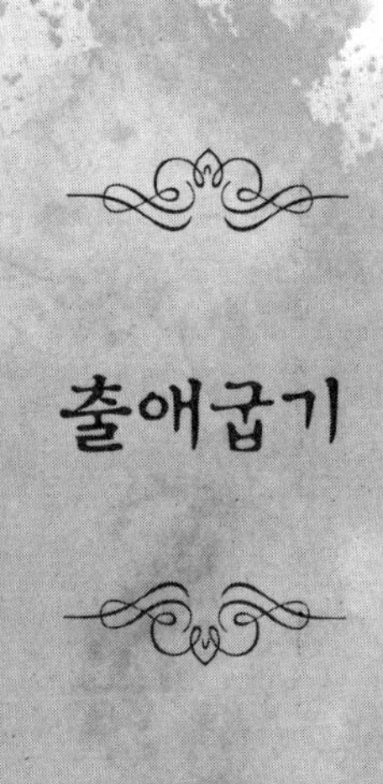

출애굽기

언약을 기억하시고 임재하시는

구원자 하나님의 파토스

성경, 하나님의 파토스는

성경 66권을 통하여

은혜로 돌보시고

사귀어 주시는

하나님의 완전한

사랑이야기입니다.

출애굽기

언약을 기억하시고 임재하시는 구원자 하나님의 파토스

Exodus

출애굽기는 고통 속에서 신음하는 선택된 백성을 애굽에서 구원하시는 하나님의 신실하심을 바라보게 합니다. 율법을 통해 하나님을 알게 하시고, 은혜 언약으로 새롭게 하시며, '성막' 을예배공동체 지으시고 백성 중에 거하시는 하나님의 열정의 파토스를 만나며 출애굽기를 읊조립니다.

숲: 읊조리는 하나님의 파토스

성경의 시작은 창세기이지만 구약의 핵심은 '출애굽 사건' 입니다. 출애굽은 구원 사역의 전형적인 모습으로 하나님의 주권적인 은총의 결과로 얻어졌습니다. 출 애굽의히-슈모트, 헬-엑소도스 엄청난 사건이 창세기를 알도록 요구했으며, 이스라엘을 구원하신 하나님은 조상 대대로 함께 하신 창조주 하나님이셨음을 명백히 밝혀주십니다.

개인을 선택하시고 축복하시며 '언약' 하셨던 족장시대와는 달리 출애굽기에서는 하나님의 '임재' 를성막에 정착(40:34-38) 모든 백성에게 계시하시고, 선택받은 민족으로서 특별한 존재 가치를 갖게 하셨습니다. 하나님의 파토스는 이미 애굽에 자리 잡은 야곱의 자손들을 번성케 하셨고,[출1:7] 그러므로 언약을 성취하셨으며, 죽음의 그림자가 짙게 내린 이스라엘의 노예 생활을 해방시키셨습니다. 오직 하나님의 은혜로만 이루어진 것입니다. 고통 속에서 신음하는 백성들 가운데 약속을 기억하셨습니다.[2:24-25]

요셉은 임종 시에 구체적인 역사를 이야기 했습니다. 이 땅에서 다시 인도하여 내사 아브라함과 이삭과 야곱에게 맹세하신 땅에 이르게 하실 것을 대망 하였습니다.[창50:24] 그리고 이제 약속의 하나님께서 직접 찾아 오셨습니다. 하나님께서 그 백성을 구원하시려고 행동하시기 시작하신 것입니다. 그의 백성들과 함께 가기를 전혀 망설이지 않으십니다. 이제 하나님께서는 선택받은 민족에 대한 사랑으로 가득 찼으며 누구도 멈출 수 없게 되었습니다. 자신의 택하신 백성들을 향하신 하나님의 열심이 구원을 가능하게 하신 것입니다.

원래의 의도하신 열방에 대한 사랑을 버리신 것이 아니라 이스라엘이라는 나라를 통하여 하나님의 구속역사를 실현해 나가기로 작정하신 것입니다. 그래서 하나님은 이스라엘에게 창조주이시며 그들의 왕이 되시는 하나님을 계시하십니다. 그리고 이스라엘을 통해 열방으로 하나님의 뜻을 펼치려 하십니다.

출애굽을약속의 땅의 첫걸음 방해하는 바로와 애굽을 향하여 '전사이신 하나님' 께서 은혜의 돌봄으로 함께 하셨고, 동시에 '언약공동체' 를 향하여 모든 사귐의 행동으로 함께 하셨습니다. 하나님께서 함께 계심을 상징하는 성막을 친히 준비하시고 백성 중에 거하시기를 기뻐하십니다. 이렇게 놀라운 구속의 은혜와 백성 중에 함께 하시는 하나님의 파토스가 영원한 통치의 '시작' 으로구체화-예수님 안에서 장엄하게 그려집니다.

나무: 생생하게 다가오는 하나님의 파토스

1. 서언: 온 땅에 가득한 임재의 은혜와 돌봄(1:1-2:25)

*하나님이 그들의 고통 소리를 **들으시고***
하나님이 아브라함과 이삭과 야곱에게 세운 그의 언약을 기
*억하사 하나님이 이스라엘 자손을 **돌보셨고***
*하나님이 그들을 **기억하셨더라***(2:24-25)

출애굽기는 하나님의 백성들이야곱(이스라엘)의 자손 애굽에서 노예 생활을 하는 것에서부터 시작됩니다. 요셉을 비롯하여 형제들과 그 시대 사람들이 죽고 요셉을 알지 못하는 새 왕이 일어나 애굽을 다스리게 됩니다. 이때부터1:8 위협적으로 번성한 이스라엘을 핍박하기 시작합니다. 감독들을 세워 무거운 짐을 지웠으며 강제노역에 이어 번성을 막으려는 계책을 실행하게 됩니다. 여자 아이는 살려 두고 남자 아이는 죽여서 막강한 이스라엘을 경계했던 것입니다. 이렇게 남아 살해의 박해 속에서도 바로의 명령보다 하나님을 두려워한 히브리 산파의십브라, 부아-형통케 됨 믿음을 통해 이스라엘을 보호하셨습니다.

너무나도 강한 독재자 아래서 노예로 고통 받고 있을 때, 하나님은 아브라함과 이삭, 그리고 야곱과 세운 언약을 기억하셨고 드디어 관념하셨습니다. 자신의 능력을 나타내시려 행동하시는 것입니다.

430년의 애굽가나안의 타락한 성문화 차단 생활 속에서 정치적 혼란을 겪었습니다. 그 와중에 이스라엘의 모든 번영이 억압의 상황으로 바뀌게 되었습니다. 그러나 하나님의 은혜의 돌봄과 사귐의 행동은 70명의 이스라엘을 생육하고 '번성' 하여 온 땅에 가득하도록 60만 명 축복하셨습니다. 또한 매우 강대하여 온 땅에 가득하도록 함께 하셨습니다. 세상의 어떤 계획이나 힘도 하나님의 뜻을 멈추게 하거나 늦출 수 없었습니다.

하나님은 자신의 백성들을 구원하실 출애굽을 준비하십니다. 아므람과 요게벳 사이에서 태어난 모세를 살리고자 극적인 상황을 이끌어 가십니다. 결국 죽임당할 뻔한 모세가 하나님의 돌보시는 은혜로 최고의 권력자 바로의 딸에게서 건짐을 받습니다.2:5-10 이렇게 구출 된예수님의 탄생과 박해-새이스라엘의 새모세(마2장) 모세는 생존을 위협했던 바로의 보호 아래서 친 어머니의 젖을 먹으며 히브리 정신과 애굽 당대 최고의 교육을 받으며 자라게 됩니다. 하나님의 특별한 목적에 의한 기적 같은 일이었습니다. 이것이 끝이 아니었습니다. 모세를 세우신 하나님께서는 이스라엘의 구원을 위하여 위대한 기적을 준비하고 계셨습니다.

하나님께서 준비하신 40대의 장성한 '모세' 는요셉의 형제인 레위의 4대손(민26:58) 히브리 정신과 애굽의 생활 속에서 오는 갈등으로 경솔한 행동을 합니다. “재판장 노릇을 한다”는 비난과 함께 애굽 사람을 죽인 ‘살인자’ 라는 불명예를 갖게 됩니다. 인간적인 충동으로 졸지에 실패한 인생이 되어 버린 모세는 모든 것을 버리고 미디안으로 도망가게 됩니다.2:11-15

모세의 인간적인 열심은 그를 실패하게 했으며 좌절하게 했습니다. 구원은 사람의 힘에 의해 이루어지지 않습니다. 오직 하나님의 능력으로 가능합니다. 모세는 영웅적인 삶을 접고 평범하게 가정을 꾸려 주저앉게 되었다고 생각할지 모릅니다. 그러나 하나님은 출애굽을 위해 하나님의 대리자가 될 모세를 준비하신 것입니다. 모세는 하나님을 발견하고 하나님의 말씀을 전하기 위해 순전함을 훈련받았습니다. 40년의 광야 생활은 모세를 만드시는 기다림과 인내의 시간이었으며 애굽에서는 백성들을 만들고 계셨습니다. 조금이라도 틈이 있으면 주저앉아 버리고 마는 어리석은 이스라엘을 움직이게 하시려고 바로를 강퍅하게 하셨습니다. 이제 하나님의 손이 하나님의 나라의 성취를 위해 역사적인 진전을 이룰 것입니다. 자신의 백성들이 울부짖는 소리를 ‘들으시고’, 히-솨마 ‘기억하시고’, 자카르 ‘보시고’, 라아 ‘아시는’ 야다 하나님께서 이제 때가 됐음을 알리시며 언약을 향하여 움직이게 하십니다.

2. 모세를 세우시는 하나님의 파토스(3:1-6:27)

1) 찾아오셔서 부르시는 하나님의 파토스(3:1-4:31)

여호와께서 그가 보려고 돌이켜 오는 것을 보신지라
하나님이 떨기나무 가운데서 그를 불러 이르시되
***모세야 모세야** 하시매*
그가 이르되 내가 여기 있나이다(3:4)

신의 음성을 듣거나 깨달음을 얻기 위해 고행을 마다하지 않았던 고대의 사람들과는 너무나도 다르게 하나님은 모세를 직접 찾아오셨습니다. 게다가 하나님께서는 이미 모세를 알고 계셨습니다. 모세를 준비하신 하나님이시기 때문에 '호렙산' 의황폐의 산 떨기나무 가운데 인격적인 만남을 시작하시는 것입니다. '타지 않는 떨기나무' 의 불꽃은 하나님의 임재를 확신하게 되었고, 모세의 이름을 부르시며 하나님의 거룩하신 곳에서 신발을 벗게 하셨습니다.3:1-6 하나님께서 찾아오시어 극적인 만남을 시작한 모세는 하나님과의 첫 만남을 통해 하나님을 아는 첫 걸음을 내딛게 됩니다. 그렇게도 거룩하신 하나님께서 자신의 백성들을 위해 모세를 세우시려 찾아오심은 너무나도 큰 은혜였습니다.

아브라함의 하나님, 이삭의 하나님, 야곱의 하나님께서 하나님을 드러내시며 이스라엘을 애굽에서 건져내시려는 자신의 의도를 알리십니다. 그리고 이 놀라운 일을 모세를 통해 이루시겠다고 하시며 소명을 주십니다.3:9-10

하나님의 부르심에 모세는 선뜻 그의 믿음을 보이지 못합니다. 자신의 말을 믿지 않을 것이고, 말도 잘 못하는데다가 왜 꼭 자신이 가야할지 불평을 늘어놓기에 정신이 없습니다. 그래도 하나님은 모세를 설득하십니다. 애굽의 도망자인 자신의 처지를 두려워하는 모세와 함께 하시겠다는 약속을 주셨습니다.[4:12]

모세가 행동만 하면 하나님께서 성취하시겠다고 하십니다. 그러나 모세는 이런 저런 핑계를 대며 부르심에 거절을 하려 합니다. 그의 말대로 보낼만한 인물이 아닌 듯 보입니다.

이름을 묻는 더욱 구체적인 모세의 질문에 하나님은 ‘스스로 있는자’ 에흐에 아쉐르 에흐에"-여호와 라는 답을 주십니다.[3:14] 이스라엘 조상의 하나님이셨으며 자기 백성들을 위해 놀라운 구원을 이루실 하나님의 이름은 하나님을 모르는 무지한 사람들에게 충분한 계시였을 것입니다.

그리고 두려워하는 모세에게 구체적인 명령을 내리십니다. 이스라엘의 장로들을 모아 하나님의 계획을 알리고 바로 왕에게 가라고 하시지만 모세는 두려워 떠는 비굴한 모습까지 보입니다. 결국은 모세의 핑계를 단숨에 날려버릴 이적을 보여 주시게 됩니다.

하나님께서 강한 능력으로 함께하신다는 상징으로 지팡이가 ‘뱀’ 이애굽의 왕권을 상징 되게[4:3] 하시고, 죽음과 삶을 주관하시는 창조자이심의 징조로 손에 ‘문둥병’ 이 발하게 하시고,[4:6] 나일 강에서 퍼온 물을 땅에 붓자 생명의 물을 죽음의 징조인 피로 바꾸시는[4:9] 세 가지 이적을 주시며 하나님의 권능을 보이셨습니다.

또한 말에 능한 그의 형 아론의 도움을 약속하십니다. 이렇게 모세를 향한 하나님의 인내의 몸짓을 통해 하나님을 알 수 있도록 눈을 열어 주셨습니다. 결국 하나님의 요구를 마지못해 따르는 모세에게 아론을 붙여 주셨고 하나님의 계획대로 이스라엘 장로의 환대를 받게 하셨습니다. 인자하신 하나님의 파토스 안에서 모세는 그의 아집을 조금씩 내려놓게 될 것입니다.

자신의 아들에게도 '할례' 를하나님의 백성과 자녀가 되는 외형적 증표 창17:14 행하지 않아 죽음의 위협을 맞게 되지만 아내 십보라의 순발력 있는 의식을유월절 사건 예시 통해 무사히 넘어 가게 됩니다.4:24-26 모든 것이 불평과 핑계와 불신 덩어리로 뭉친 모세였지만 하나님의 사랑은 그의 확신 없는 믿음을 인내로 기다리셨습니다. 은혜로 돌보시고 아무 조건 없이 사귀어 주시려 행동하시는 하나님의 손길은 후에 중재자 모세를 만들게 됩니다. 그 입술로 모세를 부르시고 처음으로 이스라엘 백성에게 야웨 하나님을 알릴 수 있도록 세우셨으며 언약 관계를 수립하는 중요한 역할을 부여해 주셨습니다.

이처럼 하나님의 사랑은 모세의 불신 중에서도, 그의 확신 없는 믿음을 아시고도, 하나님은 모든 노력을 아낌없이 드러내십니다.

2) 백성으로 삼아 주시는 주권적인 하나님의 파토스(5:1-6:27)

*너희를 **내 백성**으로 삼고 나는 너희의 하나님이 되리니*
나는 애굽 사람의 무거운 짐 밑에서 너희를 빼낸
너희의 하나님 여호와인 줄 너희가 알지라(6:7)

하나님의 열심으로 바로 앞에 선 모세는 '하나님의 장자' 인 이스라엘을 두고 "내 백성을 보내라"3:12는 하나님의 말씀을 전합니다. 물론 이 명령은 이 후로도 여러 차례 반복되고 있습니다.7:16, 8:1, 20, 9:1, 13, 10:3 그러나 바로의 강퍅한 마음은 계속적으로 하나님을 대적합니다. 모세는 사흘 길을 광야로 가서 그 동안 잊고 있었던 조상의 하나님께 희생 제사를 드릴 수 있도록 요구 했습니다. 모세와 아론은 바로와 첫 정면대결을 벌이는 것입니다. 히브리 노예의 하나님 야웨와 근동 최고 강국의 통치자이며 애굽의 신이라 할 수 있는 바로 왕과 대결을 선포하는 것입니다.

역시나 바로는 강퍅했습니다. 아니 하나님을 철저히 모독한 바로는5:2 보란 듯이 더욱 심한 노역으로 이스라엘을 괴롭혔습니다. 바로의 마음을 강퍅하게 하실 것이라는 하나님의 말씀을 듣고 미리 알았는데도 실패라고 생각합니다. 앞으로는 더욱 완악한 바로를 만나야 합니다. 하나님께서는 바로를 자기 마음대로 하도록 내버려 두셨기 때문에 얼마나 더 강퍅한지는 상상할 수도 없습니다. 바로 스스로 그 악한 마음을 완고히 할 것입니다. 그러니 이스라엘 백성의 원망 속에서5:21 완악하고, 하나님께 무지한 바로를 상대해야 하는7:14 모세는 하나님께 울부짖습니다.

그러나 하나님은 그분 이외의 피조세력들과 감히 비교 될 수도 없는 권능의 하나님이심을 말씀하시며 모세를 재촉하십니다. 그리고 다시 모세를 일으켜 세우십니다. 용기를 주십니다. 모세와 아론의 족보를 언급하시며6:14-27 그들의 확실한 자격을 인정해 주시며 힘을 주십니다. 야곱의 셋째 아들인 레위의 4대손인 모세와 아론은 이스라엘을 이끌 수 있는 충분한 자격을 갖추었음을 새겨주시며 다독거리십니다.

그러나 이스라엘을 향하신 하나님의 뜨거운 파토스와는 달리 백성들의 비열함을 보게 됩니다. 아무리 고된 노역이 지쳐있다고 하나 너무 쉽게 하나님을 버리는 그들의 모습을 봅니다. 그토록 사랑하시는 하나님의 백성이 바로의 백성이라고 하며5:16 자신들을 물건으로5:21 비하합니다. 고된 노동에 모든 것을 버린 어리석고 무지한 백성들이 분명한데도 하나님은 여전히 변치 않으시며 포기하지 않으십니다. 오히려 하나님의 권능과 크신 능력의 강한 손이 바로를 향하여 들려집니다. 이것이 우리를 부끄럽게 하시는 하나님의 넘치는 파토스입니다. 이제 놀라운 이적과 출애굽을 통해 전능하신 하나님 되심을 모두에게 알게 하시려 하십니다.

3. 백성을 위해 싸우시고 승리를 안겨 주시는 하나님의 파토스(6:28-15:21)

여호와께서 모세에게 이르시되 너는 바로에게 가서
그에게 이르기를 여호와의 말씀에 내 백성을 ***보내라***
그들이 나를 섬길 것이니라(8:1)

1) 10가지 이적을 통해 우상을 심판하시는 하나님의 파토스

(6:28-11:10)

모세의 나이 80세이고, 아론의 나이 83세에 이스라엘을 이끌어 내기 위한 결심을 하게 됩니다.7:6-7 모든 핑계를 잠재우고 투정을 받아 주시며 소명을 주신 하나님의 뜻대로 순종하는 것입니다. 그리고 대결에 들어갑니다. 지팡이를 뱀으로 만들며 바로의 관심을 끕니다. 물론 애굽의 술객들도 똑같이 행할 수 있었지만 아론의 지팡이 뱀이 술객들의 뱀을 삼켜 버렸습니다.7:8-12 애굽인이 알고 있는 뱀은 사막을 지배하는 신이었지만 하나님의 능력은 피조물을 원래 자리에 가져다 놓으셨습니다. 아직도 야웨 하나님께서 어떠한 존재인지 깨닫지 못하고 강퍅하여 듣지 않는 바로에게 점점 강도 높은 하나님의 통치를 보여 주실 것입니다.

사실 이스라엘은 430년 동안 창조주 하나님의 이야기를 말로만 듣고 자라왔습니다. 그렇기 때문에 눈에 보이는 모든 만물 나름대로 신들이 있다고 생각하며 애굽의 신들을 섬기는 것도 잊지 않았습니다.

그러나 이제부터 나타날 '10가지 이적' 들은 완전하신 하나님의 능력을 보여주게 될 것입니다. 절대 주권적 능력을 가지신 유일하신 하나님을 직접 경험하며 체험하게 될 것입니다. 두려워 떠는 것으로 끝나지 않을 것입니다. 애굽에는 재앙이 된 10가지 이적들은 단순히 겁을 주려는 의도가 아니었기 때문입니다. 온 천하의 유일하신 신이시며 하나님을 스스로 알리시는 거룩한 의식과도 같기에 경외와 순종을 이끌어 주실 것입니다.

80여 가지의 신들을 섬기는 다신론의만신전 최고 국가 애굽은 이적을 통해 그들이 섬기는 만물의 신들이 거짓된 신들이라는 것을 깨닫게 될 것입니다. 오직 하나님만이 모든 것을 통제하고 계시다는 10가지 이적이 증거로 나타납니다. 큰 권능을 드러내시며 야웨 하나님의 우월성과 창조주 되심을 선포하는 것입니다.

첫 이적은 나일 강이 피로 변한 것이었습니다. 애굽 전역에 나무 그릇과 돌그릇에 담겨 있던 나일강물까지 모두 피가 되었습니다.[7:20-22] 나일 강을 주관하는 신 '하피' Hapi 보다 우월하신 하나님을 나타내셨습니다. 애굽의 생명선인 나일 강이 7일 동안이나 피로 변해 있으니 강의 생물이 죽고 그와 관련된 수많은 우상들까지도 섬멸하신 것입니다. 그러나 바로는 술객들도 할 수 있다는 이유로 듣지 않았습니다.[7:22]

두 번째 이적은 개구리로 온 지경을 덮게 하신 것입니다.[8:6] 개구리 머리를 한 풍요와 다산의 여신 '헤크트' 를[Hekt] 심판하시며 야웨 하나님만이 참 신이라는 것을 증명하셨습니다. 술객들도 흉내내었으나 곳곳에 가득한 개구리들로 몸살을 앓는 바로는 내보내겠다는 확답을 다음 날로 미루고 한 숨 돌리자 다시 듣지 않았습니다.[8:15]

세 번째 이적은 티끌을 지팡이로 쳐서 '이' 로 만든 것입니다.[8:16] 사막의 이는 코와 눈에 까지 들어가 고통스럽게 했습니다. 사람뿐 아니라 생축에 까지 가득한 '이' 는 '하돌' 과[Hathor] '눗' Nut 으로 사막의 여러 신들 중 하나이었으며 흉내도 못내고 하나님의 권능을 인정한 술객들의 고백으로[8:19] 무너졌습니다. 그러나 바로는 듣지 않습니다.

네 번째 이적은 애굽 사람의 집만 파리 떼가 가득하게 하신 것입니다.8:20-24 여기서부터 애굽과 이스라엘이 '구별' 되어 이스라엘 백성이 거하는 고센에는 파리 떼가 없게 하셨습니다.8:22 파리는 공기의 신 '슈' ,Shu와 하늘의 여신 '이시스' Isis 신을 심판하신 것이며 이것을 통해 바로는 희생 제사를 드릴 몇 걸음을 보내줄 뿐 다시 완강하여 백성을 보내지 않았습니다.8:28-32

다섯 번째 이적은 가축에 악질이 발생한 것입니다. 애굽의 모든 생축은 죽었습니다. 생축을 숭배했던 애굽은 '아피스' Apis라는 그들의 황소 신보다 우월하신 하나님을 눈으로 확인해야 했습니다.9:6 하나님의 구별하신 은혜로 이스라엘의 생축은 한 마리도 죽지 않았습니다. 하나님께서 말씀하신 대로 바로는 완강하여 이스라엘을 보내지 않았습니다.9:7

여섯 번째 이적은 사람과 동물에게 독종이 난 것입니다.9:9 피부병의 일종이지만 무서울 정도로 공포스러운 종기가 났습니다. 이것은 질병을 다스리는 의술의 신 '세크멧' 을Sekhmet 향한 심판이었습니다. 술객들까지도 독종에 걸려 모세 앞에 서지 못했다고 하니 실로 무서운 위력이었습니다.9:11 그러나 바로는 듣지 않았습니다.

일곱 번째 이적은 우박이었습니다.9:24 맹렬한 불덩이가 우박과 함께 내리게 하시니 개국 이래 처음 있는 일이며 사람이나 짐승, 밭의 채소와 나무가 죽거나 크게 손상을 입었습니다. 어리석은 애굽인들이 섬기는 하늘의 여신 '누트' 를Nut 하나님께서 찍어 누르셨습니다.9:23 모든 만물의 주인이신 하나님을 드러내시는데 조금도 주저함이 없으십니다. 물론 이스라엘 백성이 사는 것에는 해가 미치지 않았고 야웨 하나님의 말씀을 두려워하여 미리 몸을 피한 바로의 신하들도 무사했습니다.9:20 점점 하나님의 능력을 인정하고 믿게 된 것입니다. 이때 밀과 나멕은 자라지 않아 상하지 않았습니다. 그러나 이것은 다음에 나타날 이적을 위한 것이었습니다. 잠시 자신의 범죄를 인정하고 하나님의 의로움을 드러내는 듯 했던 바로는9:27 일곱 번째 이적이 끝남과 동시에 강퍅한 마음을 드러내고 이스라엘을 보내지 않습니다.

여덟 번째 이적은 메뚜기로 온 지면이 덮인 것입니다.10:14 모세의 경고를 들은 바로의 신하들은 이스라엘 백성을 내보내기를 재촉했지만10:7 바로는 남자만 갈 것을 허락하였기에 애굽에는 재앙을 불러오게 됩니다.10:11 메뚜기가 지나가는 곳에는 남아 있는 것이 하나도 없이 일시에 폐허가 되었습니다. 이로써 메뚜기들의 수호자 '세라피스'를Serapis 무너뜨리셨습니다. 바로의 일시적인 뉘우침이 있어 죽음을 면케 하시길 구해 이적이 멈춰졌으나 바로는 여전히 강퍅했습니다. 애굽인들이 섬기던 거짓 신들의 패배는 애굽의 고통이며 치욕이 되었습니다.

아홉 번째 이적은 삼일간의 흑암이었습니다.10:22 바로가 아버지로 섬겼던 태양신 '라' Ra는 흑암으로 심판하셨습니다. 다급해진 바로는 이스라엘 백성을 보내되 양과 소는 제외를 시키려고 합니다.10:24 그 역시 하나님의 뜻에는 못 미칩니다. 하나님의 말씀대로 요구하는 모세를 죽이려는 분노를 보이며10:28 이스라엘을 놓아주지 않습니다. 이때에도 고센에는 광명이 있었습니다. 하나님의 파토스는 이스라엘과 함께 거하시며 그분의 사랑을 드러내십니다. *"야웨께서 모세에게 이르시되"* 라는 첫 시작은 모든 이적의 주도권이 하나님께 있음을 알게 하시는 것입니다. 이렇게 모세가 바로와 대면하는 모든 단계마다 하나님에 의해 통제 되고 있습니다. 그때마다 이스라엘을 향한 하나님의 파토스는 바로와 대결하시며 이스라엘의 믿음직한 하나님이심을 보여 주십니다.

그리고 마지막 이적을 준비하기에 이르십니다. 모세를 통하여 장자의 죽음을 예고하신 하나님은 가정의 신 '타우르트'와Taurt 생명을 부여하는 신 '오시리스'를Osiris 심판하십니다. 열 번째 가공할만한 사건을 통하여 바로와 온 애굽은 하나님을 알 수 있을 것입니다. 그들에게는 너무나 큰 값을 지불해야 했겠지만 놀라운 경험이 되었습니다. 이로서 창조주요 구원자이신이신 하나님의 전지전능하심을 세밀하게 나타내셨습니다.

2) 유월절을 통해 사랑을 확증하시는 하나님의 파토스(11:11-12:51)

이 밤은 그들을 애굽 땅에서 인도하여 내심으로 말미암아
*여호와 앞에 지킬 것이니 이는 **여호와의 밤**이라*
이스라엘 자손이 다 대대로 지킬 것이니라(12:42)

애굽 전역은 온통종교, 경제, 사회, 정신과 문화 아수라장이 되었지만 하나님의 사랑의 돌봄과 그 백성을 향하신 모든 행동은 고센 땅의 장자 된 이스라엘을 지키셨습니다. 이제 열 번째 예고된 이적만 남겨 놓고 있습니다. 모든 맏아들과 처음 난 것의 짐승까지도 죽음을 면치 못하는 전무후무한 곡성이 애굽 전역에 일어날 것입니다. 그러나 하나님은 이때에도 이스라엘을 구별하시는 파토스에 여념이 없으셨습니다. 사람에게나 짐승에게나 개도 그 혀를 움직이지 않을 정도의 고요함을 주신다고 말씀하십니다.[11:7] 그리고 그것을 위하여 유월절을 준비하게 하십니다.

죽음이나 생명의 심판이 구원으로 넘어가는[파샤] 이 유월절은 후에 430년의 종 되었던 애굽에서 해방되어 나오던 그날을 기념하는 3대 절기중[유월절, 칠칠절, 초막절] 하나로 7일 동안 지키게 됩니다. 생과 사의 갈림길에 놓인 이스라엘은 하나님의 모든 지시하심대로 유월절을 준비합니다. 먼저 유월절을 준비하는 이 달을 첫 달이 되게 하시고 이 달의 10일에 가족 단위로 어린양을 택하여 14일에 잡아서 피는 문설주와 인방에 바르게 하셨습니다. 이때에 양의 뼈를 꺾지 않고[12:12-13] 잡은 고기는 불에 구워 무교병과 쓴 나물을 함께 먹도록 하셨습니다. 유월절을 통해 애굽에서의 고통을 생각하며 고난의 떡을 먹되 누룩을 넣지 못 할 무교병을 먹어야 할 정도로 그들의 예상을 뒤엎고 급히 출애굽 시키신 하나님을 기억하게 하신 것입니다.

그날 밤 하나님께서 애굽의 처음 난 모든 것들을 치실 때에 이스라엘과 맺은 특별한 약속대로 하나님의 백성들은 곡하는 소리도 없이 잠잠히 장자의 죽음을 피해 갈 수 있었으나 애굽의 모든 처음 것들은 그 어느 것 하나도 사망을 피할 수 없었습니다. 애굽에 큰 호곡소리가 들렸고[12:30] 하나님을 대적하였던 강퍅한 바로도 그의 첫 아들의 죽음으로 이스라엘을 보내기에 이릅니다.

그 날 밤에, 하나님께서는 그 백성을 인도해 내시느라고 밤을 새워 지키셨습니다.12:42 바로는 약속을 거듭 번복하며 그의 인간적인 한계를 스스로 여지없이 드러냈으나 하나님은 신실 하셨습니다. 이스라엘 백성을 출애굽 시키시며 은과 금의 패물과 의복까지 내 주게 하셨습니다. 이스라엘에게 친절을 베풀도록 만드신 하나님의 은혜였습니다.12:35-36 하나님의 파토스는 이스라엘로 하여금 꿈꾸는 듯한 자유를 안겨주셨습니다. 그 약속을 번복하거나 한번도 잊지 않으셨던 하나님의 사랑이 출애굽 하는 이스라엘과 유월절을 함께 지킨 이방인들에게까지도 은혜의 돌봄과 사귐의 모든 행동으로 함께 하셨습니다.

출애굽을 위해 기쁨과 흥분 속에서 모두 라암셋으로 모였습니다. 그리고 출발하여 숙곳에 이르기까지 이스라엘의 수는 장정만 60만 명 이었습니다. 어린아이들과 여자들, 외국인들까지12:37-38 합하여 본다면 그들은 어마어마한 군대와 같았을 것입니다. 이렇게 새로운 희망으로 가득하게 하시는 하나님의 파토스는 이스라엘을 인도하십니다.

3) 승리를 향한 계획으로 구원하시는 하나님의 파토스(13:1-15:21)

모세가 백성에게 이르되 너희는 두려워하지 말고
가만히 서서 여호와께서 오늘 너희를 위하여 행하시는
구원을 ***보라*** *너희가 오늘 본 애굽 사람을*
영원히 다시 보지 아니하리라(14:13)

애굽과 이스라엘은 자기 백성을 향하신 하나님의 뜨거운 파토스를 직접 깨닫게 됩니다. 초태생을 구별하여 하나님께 바치게 하십니다.13:1-2 짐승의 처음 난 것은 제물로 바쳐졌으며 이스라엘의 장자들은 구원하신 하나님의 은혜를 깨달아 몸과 마음을 온전히 예배하는 일에 바쳐진 것입니다. 이스라엘을 친 백성 삼으시고 그들의 대표격인 장자들까지도 하나님의 것으로 삼아 주셨습니다. 이렇게 하나씩 하나님과 이스라엘 사이에 특별한 언약으로 묶으시며 파토스로 함께 하십니다.

뿐만 아니라 블레셋으로 가는 빠른 길인 지중해 해안길을 따라가지 않게 하셨습니다. 오히려 하나님의 인도는 홍해의 광야 길이었습니다. 힘든 광야의 길을 선택하신 하나님의 의도는 분명했습니다. 연약한 이스라엘이 블레셋을 두려워하여 애굽으로 다시 돌아가려 할까봐 염려하셨기 때문입니다.13:17 부끄럽게도 이스라엘은 하나님 앞에서 별 볼일 없는 오합지졸들이었습니다. 그러나 하나님은 이스라엘의 연약함을 아시고 블레셋을 돌아서 멀지만 안전한 '홍해'의Red Sea, 갈대바다(Reeds Sea) 광야로 인도하십니다. 낮에는 '구름기둥'과향법장치 밤에는 '불기둥'하나님 임재의 가시적 상징으로 함께 하시며 하나님의 임재를 직접적으로 체험하게 하십니다.13:20-21 자상하시고 섬세하신 하나님의 파토스는 이스라엘을 떠나지 않고 그들 가운데서 사랑으로 인도하셨습니다.

결국 하나님의 말씀대로 변심한 바로가 전차를 동원하여 좇아옵니다. 이 광경을 눈을 들어 지켜보는 이스라엘 백성은 두려워 울부짖기 시작합니다.14:10-12 이스라엘의 불평이 극에 달하여도 하나님은 잠잠히 자신의 백성들을 위해 그의 열심을 불태우실 뿐이었습니다. 동풍으로 홍해를 가르시며 물로 좌우의 벽을 만들어 육지처럼 건너게 하셨습니다. 순간순간의 기적을 통하여 하나님의 파토스를 알도록 이스라엘을 이끄셨고 애굽의 군대는 수장을 당하게 됩니다.14:30 이스라엘은 바닷가에 가득한 애굽 사람의 시체를 눈으로 보았습니다. 이스라엘을 위해 행하신 구원을 보았습니다. 이스라엘을 위하여 베풀어 주신 큰일을 보았으므로 하나님을 경외하게 되었고 그의 종 모세를 믿게 되었습니다. 이스라엘의 불신앙과 두려움이 구원하시는 하나님을 향한 믿음으로 한 걸음 다가서게 되었습니다. 이스라엘을 사랑하시는 하나님의 파토스는 그 백성의 허물까지 안고 가시며 그들을 위해 직접 행동하십니다. 오직 하나님의 사랑으로 이스라엘을 매어 놓았기 때문입니다.

야웨 하나님이 스스로 선택하셔서 이스라엘의 편이 되어 '거룩한 용사'로 싸우셨기 때문에 바로와 애굽의 막강한 군대 앞에서 이스라엘은 구원을 받을 수 있었습니다. 이처럼 하나님은 창조주요 역사의 주인으로서 신실하심과 그 힘을 드러내십니다.출15장, 시77편

그리고 대속을 통해 구원을 베푸신 '유월절'과하나님의 구원행동, 신약성경의 유월절-예수님의 '최후의 만찬' (고전5:7) 무교절의 규례를 주시며 보호하실 길을 여시고 해방을 맛보게 하시는 하나님의 반복되는 각본은 이스라엘과 함께하시는 하나님의 위대한 사랑의 표현이 됩니다. 또한 그의 백성의 삶에서 구원에 대한 감사와 감격이 중심이 되어 그들의 후세에도 하나님을 알 수 있기를 원하고 계십니다. 이처럼 백성들에게 그들의 하나님으로 계시고자 마음을 쏟아 붓

고 계십니다. 하나님은 자신의 백성을 위해 기꺼이 '용사'가 되어 승리를 안겨 주셨습니다.

아무런 공로 없이 구원을 경험한 무력한 백성들의 찬양도 그저 기쁘시기만 하셨습니다.[15:1-21] 모세와 그 백성의 찬양 속에 하나님을 드러내고 계십니다. 그것으로 흡족해 하셨습니다. 하나님의 백성을 위해 싸우시며 극적으로 구출하시는 용사이신 하나님을 찬양합니다. 재판장이 되시고, 왕이시고, 통치자 되시는 하나님을 나타내십니다. 다른 신들과는 비교할 수조차 없는 하나님을 인정하게 되었습니다. 그리고 주의 기업의 산에서 영원한 통치를 기대합니다. 끝이 보이지 않는 외로운 짝사랑의 길을 오직 은혜 주시기 위해 선택하셨습니다. 이스라엘을 향하신 하나님의 파토스는 영원하십니다. 잊지 말아야 할 것은 은혜로 돌보시고 사귀어 주시며 행하시는데 조금의 망설임도 없는 하나님은 이스라엘의 참 아버지이라는 사실입니다.

4. 말씀을 통해 자신을 주시는 하나님의 파토스(15:22-24:11)

1) 내부의 불평과 외부의 도전을 해결하시는 하나님의 파토스 (15:22-18:27)

모세가 또 아론에게 이르되 이스라엘 자손의 온 회중에게
말하기를 여호와께 가까이 나아오라 여호와께서
너희의 원망함을 ***들으셨느니라*** *하라*(16:9)

이제부터는 장정 '60만명' 민1:46메소포타미아의 60진법-많은 무리을 비롯한 이스라엘 모든 자손과요셉의 해골을 가지고(13:18) 여러 잡족이 바로의 압제 아래 있는 종의 삶이 아닌, 하나님의 통치 안에 보호 받는 은혜의 광야 길이 열리게 되었습니다. 그렇기 때문에 이스라엘은 과거의 삶을 생각하며 하나님 앞에서코람데오 불평해서는 안 되는 것이었습니다.

그것도 홍해의 놀라운 기적을 체험한지 사흘만의 일이었습니다. 결국 하나님을 신뢰하지 못하는 이스라엘의 불평은15:24 마라의 쓴물을 달게 만드신 기적 후에도 계속 되어 집니다. 그들의 반항은 점점 강도가 세어집니다. 그 다음 장소인 신 광야에서는 먹을 것이 없어서 원망하기 시작합니다. 물론 이스라엘에 섞여 있는 잡족들이 과거 애굽에서의 식생활을 떠올리며 먼저 탐욕을 품었기 때문에민11:4-5 시작된 문제였으나 이스라엘은 차라리 죽었으면 좋았을 것이라는16:3 망언을 서슴치 않았습니다. 이때에도 하나님은 그들의 원망을 들으시고 응답하셨습니다. 어미새를 향해 주둥이를 쩍쩍 벌려대는 제비 새끼들처럼 이스라엘은 하나님께 모든 것을 공급 받았습니다. 그리고 하나님께서는 하늘에서 비같이 내리는 양식을 이스라엘에게 먹게 하셨습니다. 아침에는 만나로놀라운 은혜, 생명의 선물, 하늘로부터 내려온 떡(요6) 저녁에는 메추라기로 먹여 주실 뿐 아니라 거두는 방법과 보관 방법까지 알려주시는 하나님은 긍휼과 자비의 하나님이셨습니다.

그들의 순종을 시험하시며 불순종을 꾸짖기도 하셨는데16:28 이스라엘의 불평은 점점 반항의 정도를 넘어서게 됩니다. 결국 르비

딤 광야에서는 하나님의 섭리와 임재를 의심하기에 이릅니다.17:7 이스라엘의 눈으로 볼 수 있는 것들은 다 확인 했으며 몸으로 직접 체험했던 그들의 하나님을 시험하기 시작합니다. 애굽의 무자비함과 고통을 순식간에 잊었습니다. 광야에서 물이 없다는 것은 매우 심각한 일이겠지만 불평과 원망에 하나님을 시험하기 전에 하나님의 도우심을 구했어야 했습니다. 이미 모든 것을 공급하시는 하나님을 알았다면 물이 없다는 것은 문제가 되지 않았을 것입니다. 이러한 상황가운데에서도 반석을 통해 먹는 물을 내시고 마시게 하시는 하나님의 파토스는 이스라엘의 연약함을 덮어 주십니다.17:6

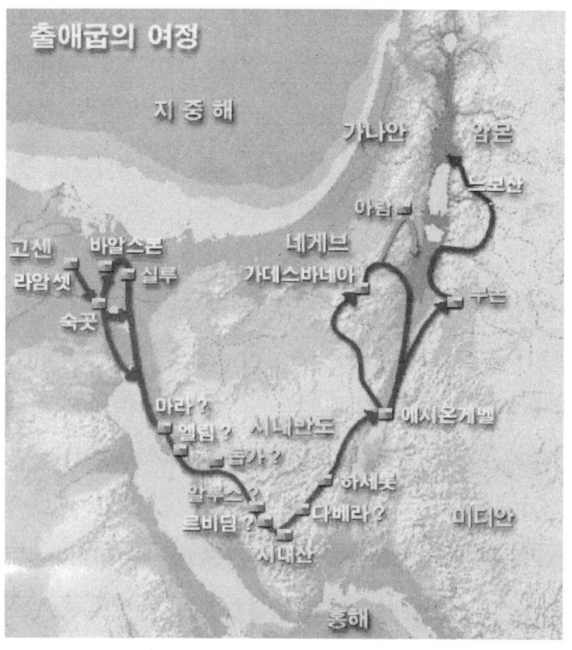

또한 아말렉과의 전쟁 중에도 모세의 '지팡이' 와여호와의 능력을 상징 아론과 홀의 조력으로 팔을 높이 들게 하시고, 승리의 깃발을 높이 들어 주셨습니다. 해가 지도록 싸웠던 치열한 전투 속에 하나님이 친히 참여 하셨던 것입니다. 그리고 기록하게 하셨으며 여호수아에게 일러두게 하셨습니다.17:14

또한 야웨를 찬송하는 동역자 이드로를 주셨습니다. 그의 도움으로 하나님을 두려워하고 믿을만하며 정직하지 못한 사람들을 싫어하는 능력 있는 사람을 세우게 됩니다. 이렇게 선출된 백성의 지도자로 천부장, 백부장, 십부장을 두어 백성들 간의 할 일을 맡아 책임지게 하였습니다.18:21-22 이처럼 하나님은 그의 백성들에게 시내산에 이르기까지 독수리가 새끼를 품듯이신32:11-12 필요를 채우시는 은혜의 돌봄을 베푸셨습니다.

2) 은혜 주시고 언약의 말씀을 더하시는 하나님의 파토스(19:1-24:11)

모세가 와서 여호와의 모든 말씀과 그의 모든 율례를
*백성에게 **전하매** 그들이 한 소리로 응답하여 이르되*
여호와께서 말씀하신 모든 것을 우리가 준행하리이다(24:3)

하나님께서 처음 모세를 부르셨을 때 하신 말씀대로 이 산에서 하나님을 섬길 것이라는 약속이 이루어졌습니다.19:1 그리고 하나님께 순종한다면 하나님의 소유, 즉 보물이 되게 하시며 제사장 나라가 되게 하실 것이라고 약속하십니다. 이스라엘 나라를 통하여 세계 모든 민족에게 하나님을 나타내실 직위를 주신 것입니다. 또한 구별 되어진 거룩한 나라, 즉 거룩한 백성이 될 특권을 부여 받게 됩니다. 이렇게 은혜 주시는 하나님의 사랑 안에서 언약을 받을 준비를 합니다. 자신의 옷을 빨고 성결하게 하여 하나님의 말씀을 기다렸습니다.

여전히 헌신적이신 하나님은 시내산에서세 구역으로 구분-정상(지성소), 나머지 산(성소), 산기슭(성막마당) 불과 구름 속에서 번개와 천둥과 큰 나팔 소리와 함께하나님의 권능과 거룩하심을 묘사하는 방식 나타나셨습니다.19:16 그리고 직접 말씀하셨습니다.20:1

말로 표현된 사랑의 '십계명' 은하나님이 직접 쓰신 것 단순한 도덕적 규범이 아니었습니다. 하나님과 그 백성이 동행하기 위한 기본적인 '언약' 으로 '생명의 법' 이 되었습니다. 창조주 하나님과 피조물 인간 사이의 특별한 관계를 공식적으로 표현하시려는 것입니다 두려움 속에서 산 앞에 서 있는 백성들은 친히 자신을 소개하시는 하나님의 음성을 듣습니다.20:2

이에 **십계명 전문**20:1-2은 구원하시는 하나님의 '은혜' 를 상기시키시며 '십계명' 에 대한 우리의 순종은 구원에 대한 '감사의 응답' 이 됨을 가르쳐줍니다. 이렇게 이스라엘 백성이 지켜야 할 열가지 계명을 직접 말씀하시며출애굽 후 3개월 다른 규례와 법도는 모세에게 맡겨 주십니다.

1계명은 하나님만을 경배해야 하는 충성적인 관계를 가르칩니다. ***"너는 나 외에는 다른 신들을 네게 두지 말라"***

2계명은 우상숭배를 금지하며 피조물의 형상을 통해 하나님을 나타내지 말 것을 경고하십니다. ***"너를 위하여 새긴 우상을 만들지 말고…"***

3계명은 인간의 목적대로 하나님의 이름을 오용하지 말고 아들 된 이스라엘이 하나님께 영광을 돌려야 함을 가르칩니다. ***"너는 네 하나님 여호와의 이름을 망령되게 부르지 말라…"***

4계명은 '안식일' 예수님의 부활로 완성의 주인이시신 하나님의 창조적인 주권을 인정하고 기억하여 거룩하게 구별하기를 원하십니다. 이로서 하나님과 이스라엘의 사랑의 관계를 규정하는 언약의 표징이 되는 것입니다. ***"안식일을 기억하여 거룩하게 지키라"***

그리고 **5계명**은 하나님께서 권위를 주신 부모를 공경하므로 존중하도록 축복을 더하여 가르쳐 주십니다. "***네 부모를 공경하라 그리하면 네 하나님 여호와가 네게 준 땅에서 네 생명이 길리라"***

6계명은 생명의 존엄성을 통해 하나님의 주권을 알게 하십니다. ***"살인하지 말라"***

7계명은 성의 가치와 하나님께서 세우신 결혼의 존귀함을 지키게 하십니다. ***"간음하지 말라"***

8계명은 개인의 소유와 재산에 대한 권리를 보호할 것을 가르치십니다. ***"도둑질하지 말라"***

9계명은 다른 사람에게 해를 끼칠 수 있는 말이나 정직한 재판의 권리를 가르치십니다. ***"네 이웃에 대하여 거짓 증거하지 말라"***

10계명은 마음에 품은 탐욕까지도, 언약으로 공동체 된 이스라엘이 이웃 사랑의 관계를 규정해야 할 원칙으로 주셨습니다. ***"네 이웃의 집을 탐내지 말라"***

이처럼 '십계명'은20:1-17 하나님의 성품을 나타내십니다. 그리고 그의 백성의 삶 전체를 요구하시는 가운데 십계명의 적용으로 구체적인 '언약서'를 주십니다.

이스라엘과 하나님의 온전한 관계를 보장해 주시는 말씀인 것입니다. 언약서에는 합당한 언약공동체의 삶을 살도록 7년째에는 풀어 주도록 명하신 노예법과 계획적인 살인은 죽이되 우발적인 살인은 도피성을 준비하시어 생명을 보호하시는 처벌법을 말씀하십니다. 게다가 부모를 멸시한 죄는 극형에 처할 정도로 준엄한 율례를 말씀하십니다. 납치에 대한 사형법과 인간의 존엄성을 강조하는 육체의 상해법동해복수법-복수제한과 공정한 보상, 탈리오법(lex talionis) 역시 십계명의 확장이었으며 재산법, 약자보호법, 사회 손해법, 공정한 재판에 관한 법 역시 '은혜의 원리'에 우선을 둔 하나님의 상세한 가르침이었습니다. 또한 매년 3차례의 절기로 유월절,무교절 맥추절,오순절, 초실절, 칠칠절 초막절을수장절 거룩하게 지키도록 명하십니다. 그리고 약속의 땅을 소유하기 위해 하나님 말씀에 순종할 것을 필히 강조하십니다.23:20-26

그리고 하나님과 이스라엘의 언약을시내산 언약-조건적 언약 체결하시기 위한 초청이 이어집니다. 모세가 단에 피를 뿌리고 그의 백성들로 하여금 신실하게 순종할 것을 두 번씩이나 다짐케 하였습니다.출24:3,7 이 날, 하나님과 이스라엘의 공적인 관계의 '언약 체결식'은하나님 앞에서 살아가는 삶을 위한 규칙 천국의 잔치였습니다. 하나님은 기쁨의 표현으로 하나님과 대면한 70장로들을 살려 주셨으며 먹고 마시는 기쁨의 피로연을 누리게 하셨습니다.사25:6

인간의 국한된 언어 속으로, 그들의 무지한 삶 속으로 들어오서서 최적의 파토스로 '자신의 백성' 을시내산 언약 이후-신정국가 돌보시는 하나님의 사랑은 이제 '성막' 을 통해 더욱 확연해집니다.

5. 영광스러운 임재로 백성 중에 거하시는 하나님의 파토스(24:12-40:31)

1) 함께 거하실 성막을 준비하시는 하나님의 파토스(24:12-31:18)

내가 이스라엘 자손 중에 ***거하여*** *그들의 하나님이 되리니 그들은 내가 그들의 하나님 여호와로서 그들 중에 거하려고 그들을 애굽 땅에서 인도하여 낸 줄을 알리라*
나는 그들의 하나님 여호와니라(29:45-46)

이스라엘을 애굽에서 인도하신 하나님의 진짜 이유는 이스라엘과 함께 거하시기 위함이었습니다. 그래서 다시 한 번 거룩하신 하나님을 밝히시며29:46 이스라엘과 함께 거하실 준비를 명하십니다. 아담으로 인해 죄가 들어오고 함께 할 수 없었던 피조물인 인간에게 찾아 오셔서 일방적인 창조주의 은혜로 만나주시는 것입니다. 하나님의 특별한 사랑과 하나님의 영감으로 디자인된 성막을 통해 은혜로 돌봐주시고 사귀어 주시려 하십니다. 이렇게 보여주신 모든 사랑의 행동 중에서 최고의 결정판이 나오게 됩니다.

하나님께서는 먼저 자신의 백성들에게 성막 건축을 위한 헌물을사랑의 표시 즐거운 마음으로 내도록 명하셨습니다.25:2 또한 이스라엘은 애굽을 나오며 받았던 각종 보물들 중 일부를 하나님의 주권을 인정하며 드렸습니다. 그리고 본격적인 건축을 시작합니다.

하나님의 거하심의 상징이 되는 하나님의 보좌인 '증거궤' 를언약궤 위한 지시를 주십니다. 안팎을 정금으로 칠한 증거궤를 만들고 이스라엘을 위해 항상 움직이시는 하나님께 발 맞추어 증거궤를 운반할 수 있도록25:10-15 채를 꿰어 지성소에 두십니다. 증거궤 안에 하나님과 이스라엘 사이의 언약에 대한 증거판을 넣고 증거궤를 덮을 시은소mercy seat, 속죄소, 시은좌 위에 두 개의 그룹을 두시어 보좌의 수호 기능을 갖게 하십니다. 그리고 이곳에서 백성들을 가르치기 위하여 그룹 사이에서 모세를 만나십니다.25:22

성막의 직사각형 모양은 가운데 휘장에 의해 두 개의 방으로 나누어 지성소와 성소로 구분하였습니다. 마치 왕실의 궁정과 흡사한 '지성소' 는자색 앙장은 '충성' 을, 청색 앙장은 하늘을 암시 이스라엘의 왕으로 거하시는 처소로 하나님의 권위와 위엄을 나타내십니다.

하나님께서 거하시는 지성소로증거궤와 증거판-언약유지 가기 위한 성소에는 그것을 구분하는 휘장 앞으로 '향단' 을냄새를 제거함, 요한계시록-하나님께 바치는 기도 상징 두셨습니다. 이는 지성소에 접근할 때에 하나님의 거룩하신 임재 앞에서 이스라엘을 보호하시기 위한 은혜의 배려이셨습니다.

성소의 향단을 뒤로 금상 위에 12지파를 상징하는 12개의 '진설병' 이 놓이는데 하나님의 공급하심과 하나님을 향한 헌신을 의미합니다. 또한 하나의 금덩어리에서 전체를 만든 '7개' 의완전성 상징 '금 등대'가 마주보며 비추게 하십니다. 이것은 이스라엘의 생명은 하나로, 완전하신 하나님의 보호를 받아 생명을 유지함을 나타냅니다. 이곳에 이스라엘 백성을 축복하시며 생명으로 인도하시는 하나님의 파토스를 담으셨습니다.

그리고 실수로라도 부주의하게 하나님께 다가오지 못하도록 밝은 색의 뜰의 담을 만들어 놓게 하셨습니다. 그러나 거룩하게 준비만 된다면 언제든지 하나님과 가까이 있을 수 있도록 '성막 뜰'을 두시어 이스라엘 백성이 하나님과 안전하게 거할 수 있게 하셨습니다.

그리고 다섯 가지 제사로 이스라엘의 죄를 해결하기 위해 번제

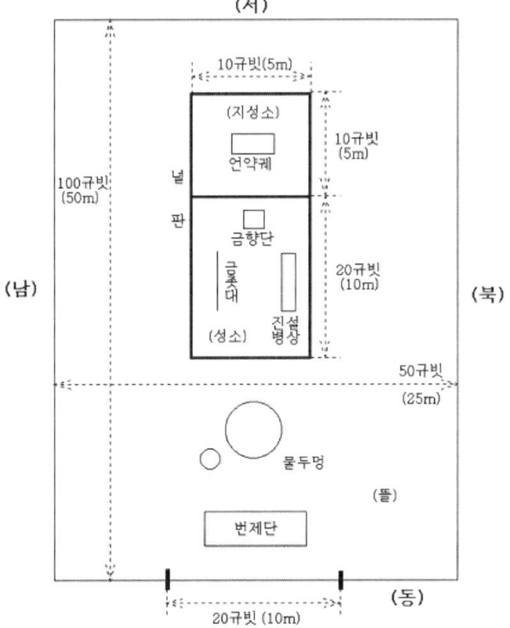

를 드릴 '제단' 을하나님이 임재 하신다는 또 다른 상징 '이동식' 임재의 이동으로 두시고 '물두멍' 을 통해 거룩하신 하나님께 성결하게 나아갈 길을 주셨습니다.30:21 하나님의 지시는 세부적이며 빈틈없이 완벽하셨습니다. 이렇게 하나님의 임재에 대한 상징과 가장 거룩한 공간과의 거리는, 죄인 된 이스라엘과 모든 것을 초월하신 하나님의 동거를 위한 하나님의 자상하신 파토스가 되었습니다.

중보자로서 제사장은 거룩하신 하나님 앞에서 12지파의 이스라엘을 대표하여 '거룩한 옷' 을12지파의 이름이 새 겨진 보석 입고 거룩하신 하나님의 임재를 가까이에서 느끼도록 가르칩니다. 그리고 하나님께서 자신의 백성들에게 풍성한 은혜로 함께 계심을 상징하는 금으로 만든 겉옷과 '에봇' 을호마노를 포함-야웨의 면전에 있다는 사실을 상기 입게 하십니다. '흉패' 를열두 개의 새긴 보석-불꽃같이 보고 계시는 야웨를 상징 달고29:5-9 띠를 띠우고 머리에 금패를 매단 관을 쓰게 하셨습니다. 또한 '우림과 둠밈' 을야웨의 심판과 지시를 상징 지니며 백성을 위하는 희생 제사를 드리며 대제사장으로서 하나님을 섬기도록 위임하셨습니다.

하나님의 신이 충만하고 지혜와 총명과 지식에 재주가 뛰어난 브살렐과 오홀리압과 같은 장인들로 하여금 필요한 최고의 물품을성막과 기명과 제사장의 옷 만들게 하셨고31:1-6 제사장의 필요를 공급하도록 지시하셨습니다. 이처럼 하나님의 특별한 방법들은 하나님의 임재와 마땅히 그 백성들에게 받으실 예배의 중심이 곧 하나님이 되시도록 깨닫게 하십니다.

그리고 금으로 만든 향단으로 향이 나는 연기를 피우게 하시며 하나님의 살아계심을 믿는 믿음을 확증하게 하십니다. 뒤이어 이스라엘의 의무를 주시는데 '속전' 을성인 남자가 드리는 성전세 드림으로 하나님께서 '기억하시는 백성' 이 되게 하셨습니다. 최종적으로 이스라엘과 하나님 사이의 '언약의 증표' 로 '안식일' 을 주셨습니다. 이 안식일은 노예였던 이스라엘에게, 구원과 쉼을 주셔서 은혜를 누리게 하신 분은 거룩하신 야웨 하나님이심을 깨닫게 하였습니다.

2) 언약을 다시 회복하시며 함께 하시는 하나님의 파토스(32:1-40:31)

모세가 시내산에 올라가 40일을 지내는 동안에 이스라엘 백성들은 불안해하기 시작했습니다. 그래서 아론에게 가서 이스라엘을 인도할 신을 만들어 주길 청하여 우상을 만들었습니다. 하나님의 임재의 형상을 황금송아지로야웨를 대신함 만들어 섬겼습니다. 하나님의 절기를 지키겠다는 명목아래 애굽의 추악한 잔재의 증거로 우상을 만든 것입니다. 먹고 마시며 일어나서 뛰놀기까지 하였습니다.32:5-6

그동안 보고, 생생하게 체험한 하나님을 모독하여 진멸당할 수밖에 없는 '죄' 를1, 2계명을 어김 짓게 된 것입니다. 이로 인해 돌판을 집어 던져 깨뜨린언약의 취소 모세는32:19 레위인의세겜의 죄 용서-제사장 직분 손을 빌려 3000여명을 죽여 죄에 대한 당연한 징계를 내렸습니다. 그리고 백성을 향한 중재에 나서게 됩니다. 약속에 성실하시고 신실하신 하나님께서 직접 가지 않으시겠다고 하시며 대신 사자를 보내어 가나안으로 들이실 것을 말씀하십니다. 패역한 백성들과 함께 할 수는 없으나 그렇게라도 조상과 했던 약속을 지키시려 하셨던 것입니다.33:1-2 그러나 모세는 간청합니다. 하나님이 계시기 때문에 이스라엘이 땅위의 다른 백성과 다른 것임을 인정하며 이스라엘의 존재 가치는 오직 하나님께 있음을 고백합니다.33:16

그가 사랑하는 백성을 용서하시기 전에는 자신의 구원도 거절하겠다는 모세와, 모세가 개입할 수 있도록 길을 열어 주고 계시는 하나님의 파토스에 마음이 저려옵니다.

하나님이 우리와 함께 계시기 때문에 하나님의 백성이 땅위의 다른 백성과 다른 것이 아니냐는 모세의 믿음은33:16 지금까지 함께하신 하나님의 파토스에 대한 감사와 애정에 기초한 것이었습니다.

하나님의 동행 없이 시내산을 떠나라는 큰 진노 중에도 용서의 의지를 열어 놓으신 하나님은 분노를 넘어 한없는 자비의 파토스로 다가 오십니다. 이에 이스라엘 백성에게 변함없는 충성을 요구하시며 언약을 갱신하시고 회복하십니다. 그의 백성과의 관계를 유지하기 위한 '성막' 의 완성으로 이스라엘에게는 하나님의 샬롬이 주어졌습니다. 하나님께서는 에덴동산에서처럼 백성들 사이를 거닐게 되셨습니다.

하나님은 처음부터 이스라엘의 행위와는 무관하게 은혜를 베풀어 주셨습니다. 무한히 자비롭고 은혜로운 파토스를 쏟아 놓으시며 함께 하셨습니다. 목이 곧은 백성임에도 불구하고 하나님의 긍휼과 자비의 파토스는 멈추질 않습니다.

이제 하나님을 중심으로 사는 예배적인 삶으로 새 역사를 여시며, 하나님을 만날 수 있는 '성막' 으로 초대하십니다. 또한 영광스러운 하나님의 임재를 '성막' 위의 '불기둥' 과 '구름 기둥' 으로 모든 백성이 볼 수 있게 하셨으며, 이스라엘의 모든 여정을 친히 인도하십니다. 그리고 레위기를 통해 그 사랑을 더 깊고도 세밀하게 이어가시게 됩니다.

성경, 하나님의 파토스는

성경 66권을 통하여

은혜로 돌보시고

사귀어 주시는

하나님의 완전한

사랑이야기입니다.

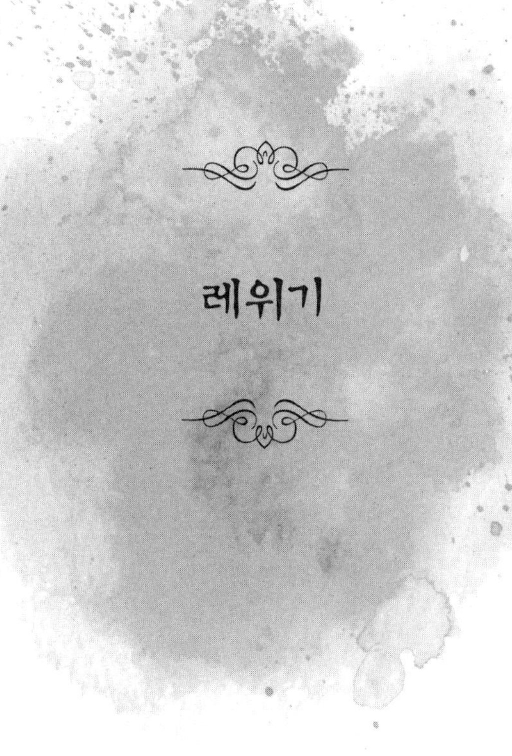

레위기

거룩한 백성의 삶 가운데 만나주시는

하나님의 파토스

성경, 하나님의 파토스는

성경 66권을 통하여

은혜로 돌보시고

사귀어 주시는

하나님의 완전한

사랑이야기입니다.

레위기

거룩한 백성의 삶 가운데 만나주시는 하나님의 파토스

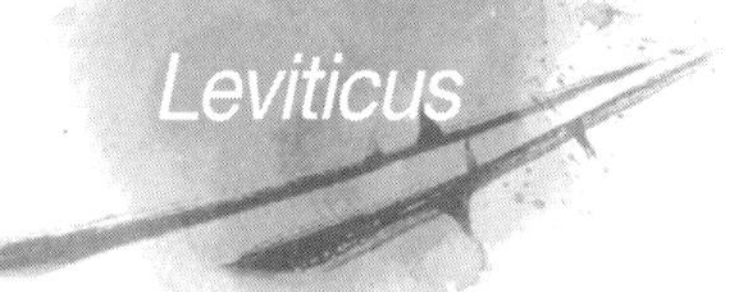

레위기는 하나님께서 구원하신 이스라엘과 함께 거하시며 제사를예배 통해 교제하시고자 거룩으로의 길을 보여주시는 은혜의 말씀입니다. 거룩한 백성의 삶을 통해 영광 받으시길 기뻐하시는 하나님의 파토스를 기대하며 레위기를 읊조립니다.

숲: 읊조리는 하나님의 파토스

레위기는히-바이크라, 헬-루이티콘 "야웨가 부르셨다"는 뜻을 가졌으나 레위인들의 특별한 의무만이 아닌, 하나님의 백성으로써 거룩해야 할 모든 신앙과 생활을 강조합니다.4:22 하나님께서 거룩하시니 그의 백성 된 이스라엘도 하나님께 거룩함으로 나와야 하는 것입니다.19:2 물론 아론의 자손들이 제사장을 담당하고 레위인들이 성막의 예배를 돕게 하셨지만, 그럼에도 레위기의 주제는 어떻게 하나님의 면전 아래서 거룩한 언약 백성의 삶을 사느냐에 맞춰집니다. 거룩하신 하나님과의 수직적인 관계를 지키며 하나님과 동행할 수 있는 길이 되는 것입니다.

거룩하심과 긍휼의 장소인 성막 안에서 제사장 된 하나님의 백성이 부정한 '죄' 로 부터 거룩하게히-카도쉬 구별되어 지기를 명하십니다. 그리고 거룩한 방법으로 247개의 규정을 주시며 생명의 교제를 나누고자 하십니다. 이미 모세에게 율법을 주심으로 인간들의 죄가 얼마나 심각한지를 깨우쳐 주셨고, 이제는 피 흘리는 제사를 통해 정결함을 얻어 '하나님께 나아오는 길' 을히브리서-예수 그리스도를 통하여 대제사장으로서, 소나 염소의 피가 아닌 자기 자신의 피로 단 한 번 희생제사를 드림(히10:12) 열어주십니다.

하나님께서 친히 정해주신 '제도 안에서' 거룩을 지키며, 그 긍휼의 은혜로 예배할 수 있게 된 것입니다. 그렇다고 인간의 희생과 섬김만을 강조하는 것은 아니었습니다. 이스라엘로 하여금 예배하게 하신 진정한 이유는, 하나님과의 언약이 이스라엘의 죄로 인해 깨어졌을 때를 위함이었습니다. 그때야말로 예배는 하나님과의 언약을 회복하고 더 나은 관계로 발전하도록자원제, 서원제, 나실인제도 하기 위한 은혜의 방편이 되는 것입니다.

하나님의 심판을 경험하기보다 용서를 구하며 피할 수 있는 길을 열어 놓으신 것은 하나님의 섬세한 사랑의 마음 때문이었습니다. 하나님의 마음은 거룩한 이스라엘의 삶을 통하여 열방이 하나님을 찾게 하시는데 더 크게 열려 있었습니다.

이처럼 모든 열방을 은혜로 초대하시는 예배는 진정한 하나님이심을 깨닫게 하시는 오직 하나님만의 파토스였습니다. 이렇게 은혜의 돌봄과 생생하게 다가오시는 사귐의 손길은 하나님의 백성을 감격하게 하십니다. 그리고 우리는 하나님의 뜨거운 파토스

안으로 자신을 내어 드리며, 하나님의 소유된 제사장 나라가 거룩하게 예배하도록제사법(1-17장) 만드십니다.

또한 하나님 백성의 '거룩한 삶'을윤리도덕법(18-27장) 통해 스스로를 죄와 부정에서 지켜 나갈 책임을 갖게 하십니다. 이스라엘을 거룩한 나라로 부르시어 예배로 만나주시고 교제해주시는 하나님의 파토스에 감사하며 레위기를 읊조립니다.

나무: 생생하게 다가오는 하나님의 파토스

1. 예배로 만나주시며 용서하시고 회복하시는 하나님의 파토스(1:1-7:38)

그는 번제물의 머리에 안수할지니 그를 위하여 기쁘게 받으심이 되어 그를 위하여 ***속죄****가 될 것이라*(1:4)

애굽에서 구원 받은 이스라엘 백성이 하나님과 시내산 언약을 맺으며 제사장 나라와 거룩한 하나님의 백성으로서 새로운 삶을 부여 받았으나 출애굽기의 후반은 그들의 언약파기와 그 파기된 언약의 회복에 대한 하나님의 계획이 펼쳐지게 됩니다. 결국 언약의 약속이 실현될 수 있도록 율법을 기록하고 성막을 건축합니다. 그리고 레위기를 통해 어떻게 제사하며예배 언약의 백성이 어떻게 살아야 하는지를 섬세하게 가르쳐주십니다.

레위기의 '희생제사'를환대와 헌신과 참회의 표시 통해 하나님의 사죄의 은총을 정결케 하시는 은혜를 통해서는 이제 손으로 만져지듯이 생생해진 하나님의 임재를 깨닫게 됩니다. 자신의 백성과 만나기 위해 자신의 성품과 뜻을 전하시고 시내산 언약관계의 회복을 목적으로 하는 많은 제사의 규례를 보이시며 죄에 대해 얼마나 구체적이고 민감한지를 말씀하십니다.

하나님의 말씀대로 치러지는 5대 제사 속에서 하나님의 파토스를 체험하게 될 것입니다. 먼저 번제를 말씀하십니다. 주기적으로 예배하는 자가 자신의 '대속' 을atonement 위해서 집에서 기른삼하 24:24 깨끗한 짐승인 흠 없는 수송아지, 숫양/숫염소, 비둘기를 형편에 맞게 미리 준비하여 '안수' 히-싸막 합니다. 제물과 예물을 드리는 이가 동일시되어 대신함을 나타냅니다. 언약을 맺을 때 증거가 되는 '피' 를 제단가에 뿌리며1:5 생명의 근원이 되신 하나님께로 돌아가는 상징적 행동을 취합니다.

이때에 제물을 전부 다 태워서 바치는 희생 제사를 번제라고 합니다. '**번제**' 는히-올라 하나님과 화평을 회복하고 죄의 용서와 하나님께 기쁨을 드리기 위한 제사로 제물을 '불사름' 과 동시에 자신을 죽여 하나님께 바쳐지는 완전한 헌신을 드리게 됩니다.

비참한 죄의 결과를 깨닫고 죄를 고백할 때 용서하시고 은혜로 회복하게 하십니다. 그 냄새를 '흠향' 번제의 핵심-냄새(헌신과 자기 부인)가 하늘로 올라가는 부분하시어 하나님의 공의로운 진노로부터 자신의 백성을 스스로 보호하시는 사랑이었습니다.

번제에 이어 예배자가 하나님께 드리는 헌신의 선물로 피와 관계없이 농사짓는 사람이 곡식으로 드리는 '**소제**' 는히-민하(선물), 재료-고운가루(헌제자의 희생봉사의 삶을 상징), 기름, 유향, 불 다른 제사에 동반하여 같이 드리게 하셨습니다. 날곡식이나 구운 반죽으로 소금을 언약의 결속력-'언약의 소금' 민18:19;대하13:5 추가하여 드렸으며 하나님께서는 변함없는 용서와 회복으로 '반응' 해 주십니다.

하나님의 관계 회복의 결과로 주어진 **'화목제'** 는히-셀라밈 주신 평화와 구원을 찬양하고 감사하며 예배자들이 야웨 앞에서 공동식사하며 함께 즐기는 제사입니다. 예배자가 제물로 바쳐진 고기의 일부를 먹는 유일한 제사이며3:6 속죄가expiation 아닌 '축하' 의celebration 제사입니다. 화목제의 종류에 감사제,7:12 서원제,7:16 자원제가22:8 있어 함께 나누게 하셨습니다. 하나님의 백성들과 모든 좋은 것을 함께 하시는 다정하신 하나님의 파토스를 깨닫게 하십니다.

또한 부지중에 지은 죄에 대한 거룩과 청결을 위한 정화제사로 의무적인 **'속죄제'** 를히-하타아트 드리게 하셨습니다. 하나님과 이스라엘 사이의 친교를 계속할수 있게 하는 영적인 정화제 역할을 하는 '피' 를 사람을 대표하는 제단에 바르고 뿌리게 하십니다. 그러므로 정결하게신약-'세례' 의 정결함(롬6장) 되는 것입니다.4:26 *"그가 사함을 얻으리라"*는 은혜를 베풀어주십니다.

그리고 범죄의 비중에 따라 달라지는 숫양의 값어치 대로 제물로 드릴 수 있는 **'속건죄'** 는히-아샴 배상에 대한 제사입니다. 예를 들면 피부병에서 회복되거나14:12 나실인이 시신을 만졌을민6:9 경우 등, 하나님의 형상인 인간이 서로의 자산을 침해한 경우에 대한 것입니다. 죄의 대가를 120% 배상하여 지불하도록 명하고 계십니

다.5:16

하나님의 뜻대로 주신 5대 제사의 종류와 함께 제물을 바치는 제사의 방법을 말씀하십니다.

화제는 불로 태워서 드리는 방법이기에 번제와 소제들을 총칭해서 쓰이기도 합니다.23:13, 14, 18, 20

거제는 성소 밖에서 제물을 제사장의 높이 들었다가 내려 놓는 방법으로 하나님께 드린다는 의미가 있습니다.7:14 특히 거제물은 제사 후에 제사장이 받도록 하셨습니다.

요제는 성소 안에서 제물을 앞뒤로 흔들어 앞으로 내밀 때에는 하나님께 바쳐지며 뒤로 당길 때에는 제사장에게 준다는 의미의 제사 방법입니다. 농산물과 화목 제물로 드려지는 동물과 보석류도 제물로 드려졌습니다.

그리고 전제는 '관제' 라고도 하며 번제와 소제를 드릴 때 쓰이는데 잔에 담은 포도주나 독주를 제단에 부어 하나님께 드리는 방법입니다.민15:5, 10

5대 제사와 드리는 방법을 통하여 하나님 앞에서 죄를 회개하게 하시고 용서를 화답해 주십니다. 사함을 주시는 사랑의 제사 가운데 전적으로 하나님만 의지하게 하십니다. 이렇게 은혜로 교제하게 하시는 축제의 제사는, 지금도 예배자를 통해 동일하게 주시는 하나님의 뜨거운 파토스입니다. 또한 하나님과 백성의 지속적인 교제를 위해 제단의 불이 계속 타오르게 하며 제물을 명예롭게 가질 수 있는 권리와 제사에 대한 상세한 규정은 제사장을 세우신 하나님의 은혜의 돌봄이었습니다.

'제사' 의목적-속죄와 봉헌 규례는 희생 제사를 드리는 '예배자의 관점' 1:1-6:7에서 그리고 제사를 집도하는 '제사장의 관점' 6:8-7:38 에서 구체적으로 가르치고 계십니다. 그러나 여기서 놓칠 수 없는 것은 규례를 듣는 청중인 평민들을 예배로 초대하시며 '제사장' 과의 협력을 요구하셨다는 것입니다. 능동적으로 제사에 참여하여 안수하고 동물을 죽이며 가죽을 벗겨 각을 뜨고 내장과 정갱이를 물로 씻는 개인적인 행위를 요구합니다.8:21 자신을 대신한 희생 제물이 하나님 앞에서 열납 되게 하기 위해서 마음을 다해야 하는 것입니다. 특별히 제사장은 희생 제사를 집도 하는 일인 피를 모으고, 뿌리고, 동물을 태우는 일들과 제사장의 몫을 분배하는 일에 대해 상세히 가르쳐주십니다. 두 가지 측면에서의 제사는 서로 보완되어 하나님과의 교제를 회복하는 지속적인 방법들을 제공하게 됩니다.

이렇듯 다양한 '희생 제사' 를 통해 이스라엘이 하나님과 맺고 이루어야 할 언약관계가 얼마나 세밀하고 깊이가 있으며 다양한가를 보여주십니다. 이스라엘을 부르시고 친 백성 삼으신 하나님은 그의 백성과의 만남에 항상 목말라 하셨습니다.

모든 생활이 하나님께 대한 예배로 연결되어 그들의 하나님이 되고자 하셨으며 함께 동행 하셨습니다. 이처럼 창조자 하나님은 죄인인 피조물의 죽음을 면케 하시려고 생명의 길을 만들어 주신 것입니다. 직접 그분의 백성들을 은혜로 돌보시고 함께 하시고자 움직이십니다. 하나님의 파토스는 그분을 향하여 강팍한 우리의 마음을 열게 하십니다. 그리고 예배를 통해 천국의 잔치를 맛보지 못하는 우리의 완악한 심령을 새롭게 하십니다. 이처럼 자비로우신 하나님께서는 용서와 회복이 가득한 예배로 초대하십니다. 오직 하나님의 애절한 파토스가 있었기에 하나님께 나아갈 은혜를 입었다는 사실이 예배자로 하여금 말할 수 없는 예배의 감격에 깊이 빠져들게 합니다.

2. 특별한 의무를 부여하시며 중재자를 세우시는 하나님의 파토스(8:1-10:20)

*아론이 **백성을 향하여** 손을 들어 축복함으로*
속죄제와 번제와 화목제를 마치고 내려오니라(9:22)

하나님께서 모세를 통해 세우신 아론과 그 아들들의 제사장 사역은 철저한 순종을 통해 준비 되어졌습니다. 정결과 거룩의 사람으로 구별하여 죄를 사죄하는 의식을 집행하거나 백성들을 축복했으며9:22 율법을 가르치고 집행하는 일을 했습니다. 제사장의 위임식 절차는 거룩하게 전적인 헌신으로 드려졌습니다. 제사장 직분이 고귀함을 알게 하시려 회막 안에서 7일 동안 온 종일 계속 되었습니다.8:33

먼저 목욕을성결함 상징 하고 대제사장 의복을왕적인 임명상징 입고 머리에 기름을성화상징, 능력과 인격적 자질 부여함 상징 바르며 하나님께 바쳐지는 봉헌 의식을 행합니다. 그리고 속죄제로정화제사 수송아지를 잡아 그 피로 단을 정결하게 하며 숫염소로 번제를 드립니다.

그리고 마지막으로 화목제를 드리며 제물의 피를 취하여 오른 귓부리와 오른 엄지손가락과 오른 엄지발가락에 바르며 머리부터 발끝까지 정결하게 합니다. 오른쪽을 지명하여 피를 바르게 하신 것은 명예로움을 나타내시려 하신 것이며, 귀로는 하나님의 말씀만 듣고, 손가락은 하나님만 섬기며, 발가락은 말씀을 실천하는 직분을 감당하도록 순종을 요구하시는 것입니다.

제물의 머리에 손을 얹으므로 죄를 고백하고 전가하는 모든 의식을 통해 제사장의 거룩함은 그의 능력이 되었습니다. 하나님의 말씀을 받아 모세가 수행하고 아론이 완전히 위임받아 감당하도록 하셨습니다. 이때 불이 회막에서 나와 제단의 제물을 불사르면 '하나님의 임재' 와하나님의 현현(theophany) 호의에 대한 백성들의 경이로운 외침은 예배의 절정이 되었습니다.9:24

하나님 앞에서 이스라엘을 대표하여 하나님을 향한 활동의 중심에 서게 하신 제사장은, 백성을 가르쳐 거룩한 삶을 살도록 백성을 향한 중재자로서 매우 중요한 역할을 하였습니다. 하나님의 백성들과 교제하시려는 하나님의 애타는 마음이 제사장을 통해 전해지게 되었으며, 이로서 제사장은 하나님이 베풀어주시는 은혜의 통로가 되었습니다. 한 때 이 은혜를 저버리고 백성과 함께 우상을 기획했던 연약한 아론에게 기회가 주어집니다. 다시 특별한 의무를 부여하십니다. 배반과 배신의 경험이 있는 아론의 마음속 상처에서부터 백성과 연합하여 하나님을 만나는 은혜의 자리까지 이끌어주신 하나님의 품은 따뜻했습니다.

이미 하나님의 뜨거운 파토스를 경험하였기에 아론은 그의 아들들의 죽음을 묵묵히 감당할 수 있었습니다. 향단에서 분향하는 불은 번제단의 꺼지지 않는 불을 사용해야 하는데6:12-13 아론의 아들인 나답과 아비후의 오만불손한말씀에 대한 불순종 거짓된 불로 인해 하나님의 거룩한 진노를 당하였습니다. 대제사장인 아론은 통곡 할 수 도 없었으나, 죽음의 의미를 왜곡시켜 하나님의 심판행위에 대한 도전방지 그들에게 주신 많은 특권을 철저한 훈련을 통해 든든히 하며, 하나님의 거룩을 더욱 존중하게 되는 선례가 되었습니다.10:1-7

이 때 백성들은 "제사장의 형제" 10:6로서 아버지 아론을 대신하여 애통할 수 있도록 하셨고, 그 백성들은 애도하며 하나 되게 하셨습니다. 막중한 책임이 있는 제사장으로 제몫을 감당하게 하시고, 아론의 가슴이 되어 대신 울어 줄 백성을 두심 또한 거룩하시고 공의로우신 하나님의 다른 성품인 사랑 때문이셨습니다. 이로 인해 죄로부터 자유로울 수 없는 백성의 연약함을 보시고 부정한 것에 대한 처방까지 상세히 알려주시는 엄격하시면서도 자상한 아버지 하나님의 파토스를 깨닫게 됩니다.

3. 선택 받은 백성의 부정을 진단하고 처방하시는 하나님의 파토스(11:1-15:33)

나는 너희의 하나님이 되려고 너희를 애굽 땅에서 인도하여 낸 여호와라 내가 ***거룩****하니 너희도 거룩할지어다*(11:45)

하나님의 백성들은 마땅히 거룩한 백성들이어야 합니다.11:44 백성의 거룩함은 우상이 만연한 문화 가운데서 정체성을 보호 받을 수 있는 장치가 되었으며, 하나님의 '선택된 백성' 정한 음식 선택-이스라엘 자신의 의미임을 기억하게 하는 약속의 자명종이 되었습니다.

의식주를 통해 생각을 구별하고 몸과 행동을 구별하며 거룩하신 하나님을 알아가게 하십니다. 부정 하다는 것이 하나님께 받아들여질 수 없음을 의미하기에 먹는 음식과 짐승을 제사하기에 합당한 정한 것으로 구별하여 주십니다.음식법은 신약에서 폐지(행10:1-29), 그러나 자제-롬14:15 소나 양처럼 새김질과 굽이 갈라진 것과 음식을 완전히 씹어서 삼키는 동물은 먹을 수 있게 하셨습니다. 동물은 주로 집에서 기르던 동물들이었을 것입니다. 이렇게 두 기준에 미치지 못하는 동물은 먹을 수 없었습니다. 또한 지느러미와 비늘이 있는 물고기를 먹게 하십니다. 또한 날개 있고 땅에서 뛸 수 있는 곤충을 먹게 하셨고, 육식을 하는 새를 적당히 제외하고는 생명을 소중히 여기시고 생태계를 보호하시기 위한 방향으로 정한 음식을 먹게 하셨습니다. 모든 것이 하나님의 영광을 위한 것 이었습니다. 고전10:31 그리고 무엇보다 섭취와 접촉 모두 백성의 건강을 이유로 구별되었으며, 지켜지지 않았을 시에는 저녁까지만 부정하여 몸을 씻는 정결의식으로 회복할 수 있었습니다. 농경 생활에서 짐승과 접촉하는 일은 늘 있는 일이었고 또 불가피 했기 때문에 비교적 사소한 부정으로 보고 희생제사가 아닌 씻는 것으로 대신한 것입니다.12:24 모든 의식은 항상 거룩의 중요성과 구별되게 부르신 하나님의 뜻을 기억하게 하셨습니다. 이렇게 삶속에서 밥을 먹듯이 자연스럽게 스스로 정결을 익히게 하셨습니다. 하나님의 세심한 배려 가운데 본격적인 교육의 장이 열리게 됩니다.

출산에 의한 부정은 산혈이 깨끗해질 때까지 여아 출생은 80일, 남아 출생은 40일이 주어집니다. 생명의 상징인 피가 유출된다는 것은 죽음을 의미하여 부정하다고 선언하나 출산은 그 자체가 죄가 아닌 의식상 부정이라 말합니다. 의식적이나 종교적으로 격리된 상태인 것입니다. 역설적으로는 산모의 심리적 안정과 감염으로의 보호, 그리고 회복을 위한 은혜의 시간이라 할 수 있었습니다. 기간이 다하면 남아든 여아든 동일하게 성전 정결을 위한 속죄제를정화제 드립니다. 또한 모든 예배자가 그렇듯이 하나님께 나아오기 위한 죄 용서의 희생 제사를 드립니다. 그리고 출산을 감사하는 번제를 1년 된 어린양이나, 못 미치면 비둘기로 드리므로12:8 공동체 안으로 돌아오게 하십니다.

감염에 의한 부정은 '악성 피부병' 히-차라아트으로 몸과 의복, 건물이 감염 되었을 경우를 진단하고 처리하되 깨끗하게 하는 것이 우선입니다. 그래서 정결 의식은7일동안 다 나을 때까지 격리됩니다. 이러한 조치 역시 같은 증세의 환자를 최소화시키기 위한 것이며, 환자를 보호하고 돌봐주어 다시 공동체로 이끌기 위한 하나님의 파토스이었습니다. 길고 의미심장한 공적인 정결 의식은 개인이 회복되어 공동체와 하나 됨을 축하하는 자리가 되었습니다.14:1-32 감염된 가옥도 부분은 없애고 좋은 재료를 대체하거나 그래도 썩는 것이 멈추지 않으면 전체를 헐어버리게 하였습니다.14:43-47 하나님께서 말씀하신대로 온전함의 대상은 사람뿐 아니라 주변 환경까지도 포함하는 포괄적인 것이었습니다.

남녀의 유출에 의한 부정 역시 정결한 공동체를 위한 개인의 내면적 정결을 기본으로 하고 계십니다. 만성인 경우 의학적으로는 작은 물집과 침을 통해 감염되는 것을 주의하게 하시지만15:8 가장 우선시 되는 것은 종교적인 것이었습니다. 그래서 간단한 규정들이 적용되어 비둘기로 드려지는 속죄제와 번제를 통해 깨끗함을 인정받았습니다.15:1-33 어떻게 보면 매우 개인적이며 비밀스러운 문제이나 이것은 하나님의 임재의 조건인 동시에 하나님의 백성을 위한 것이었습니다. 유출로 인한 질병의 감소와 건강한 후손의 출생을 보장해주신 것이었습니다.

이렇게 까지 뜨거운 하나님의 파토스는 식탁에서 시작하여 잠자리까지 확고하면서도 뜨거운 하나님의 거룩을 가르치십니다. 그리고 선택하신 백성의 모든 삶 속에서 하나님과 교제함을 알게 해 주는 증표가 되게 해 주십니다.

4. 속죄일을 통해 죄를 덮으시고 축복하시는 하나님의 파토스(16:1-16:34)

이 날에 너희를 위하여 ***속죄****하여 너희를 정결하게 하리니*
너희의 모든 죄에서 너희가 여호와 앞에 정결하리라(16:30)

속죄는 부지중에 범한 죄에 대한 제사로서 '덮거나 감추다' 라는 뜻을 가집니다. 대속죄일의예수님의 십자가 죽음-대속죄의 성취(단번에 그리고 영원히-히9:25-28) 가장 큰 의미는 참회하는 백성의 죄를 덮으시고덮개-시은소 교제 해 주신 다는데 있습니다. 그리고 죄를 짓거나 부정에서 오는 오염을 씻어 성소를 깨끗이 하게 됩니다. 이러한 의식을 통하여서라도 사랑하시는 자녀들과 함께 하실 방법을 제시해 주시는 것입니다. 자기 백성 중에 임하시기 위한 쉼 없는 노력이 계속됩니다.

하나님은 끊임없이 죄를 짓는 백성들의 연약한 속성을 아셨기 때문에 매년 이스라엘의 일곱째 달 10일에오늘날 9월 하순경 대 속죄 의식을 갖게 하셨습니다. 한주의 일곱째 날인 안식일이 거룩하듯이 그 해의 일곱째 달인 칠월도 거룩한 달로 정해진 것입니다. 이 날에 세마포를 입은 대제사장은 하나님의 보좌가 있는 지성소로 들어가게 됩니다.

죄인인 제사장들을 위한 속제 제물인 수송아지를 드리고 그 피를 언약궤의 속죄소에 뿌리는 것입니다. 물론 매우 위험한 의식이기에 자신의 죄를 먼저 회개하고 향로를 취하여 향기로운 향을 채워서 들어가게 됩니다.

백성을 위하여서는 두 마리의 숫염소를 택해 한 마리는 속죄 제물로 삼고 다른 숫염소는 안수하여 광야로 쫓아 내보냅니다.16:8-10 이 때 보내지는 염소를 죄를 짊어진다 하여 '아사셀' 이라 합니다. 이 의식은 상징적으로 백성들의 죄를 전가하여 없애는 것입니다. 이를 통해 죄를 용서하시고 만나주실 뿐 아니라 백성의 죄를 그 시야에서 없애시며, 그 기억에서 아예 지워주시는 파토스의 하나님을 알게 하십니다. 그리고 모든 백성이 금식하며 자신을 돌아보고 참회할 때,16:31 하나님의 거룩을 체험하는 은혜를 누리게 됩니다.

또한 일상복으로 갈아입은 제사장들이 희생제사의 제물을 만졌으므로 숫양 두 마리를 취하여 정결의식을 위한 번제를 드리므로 마지막을 마무리합니다.

이렇게 가장 엄격하게 지킨 안식일 중의 안식일인 '대속제일'을히-욤 키푸르 통해 넘치게 주시는 은혜의 하나님을 만납니다. 그의 백성들은 그 은혜를 받아 여전히 돌보시고 사귀어 주시려 행동하시는 하나님의 사랑을 깨닫게 되는 것입니다. 그리고 하나님의 이름을 백성들 위에 놓는 제사장들의 축복의 기도는민6:24-26 그대로 이루어 주시는 하나님의 파토스로 인해 흘러넘치게 됩니다. 한 평생 하나님의 파토스와 함께 한 백성들의 예배는 왕이신 하나님께 대한 겸손의 순종이며, 가슴 벅찬 친숙함의 표현일 수밖에 없었을 것입니다.

5. 삶의 모든 영역에서 거룩하게 하시는 하나님의 파토스(17:1-27:34)

*내가 내 **성막**을 너희 중에 세우리니 내 마음이*
너희를 싫어하지 아니할 것이며 나는 너희 중에 행하여
너희의 하나님이 되고 너희는 내 백성이 될 것이니라(26:11-12)

거룩하신 하나님의 백성으로 부르심을 받아 함께 거할 수 있는 은혜를 입었기에 백성들 역시 거룩한 삶으로 초대받게 됩니다. 삶의 모든 영역 속에서 규례와 법도를 새겨 실제적으로 거룩하게 하시려는 하나님의 열정이 담겨집니다.

애굽에서 물든 우상 숭배의 모양을 버리고 앞으로 인도하실 가나안의 우상문화에 대항하며 하나님의 것을 지켜내기 위한 교육을 시작하십니다. 그리고 새로운 삶을 시작한 백성의 존재 방식으로 거룩함을 인식시키십니다.

하나님의 뜻대로 성막 예배를 지정하셨으므로 우상 숭배의 염소귀신(17:7) 위험이 있는 성막 밖에서의 예배를 금하였고 하나님의 구원의 장치인 피를 마시고 허비하는 것과[17:1-16] 근친상간의 죄를 경고 하셨습니다. 언약 공동체의 핵심인 가족을 포함한 모든 불법적인 성관계와 인신제사와 같은 악한 행위를 막으셨습니다. 오직 생명의 근원이신 하나님께만 속죄의 피가 있게 하셨고 그 피를 마시는 것으로 생명의 힘을 얻는다는 가나안의 흉악한 관습의 싹을 자르셨습니다. 생명을 하찮게 여기는 죄악을 지적하시며 언약공동체의 핵심 단위인 가족의 온전성을 해치는 모든 부정을 강하게 대응하시려 하십니다. 모든 가증한 일을 버리고 하나님의 명령에 순종할 것을 요구하십니다.[18:29-30]

삶 가운데 안식일을 지키게 하시고 우상숭배를 금지하며 화목제를 드리는 것과 불쌍한 자를 돌보며 진실하게 안식일을 지키고 성소를 경외 하도록 하십니다.[19:30] 이뿐 아니라 부모 경외와 *"이웃을 네 몸처럼 사랑하라"*는 사회적 강령을 주셨습니다.[막12:28-34] 거룩의 실체는 사랑 안에서 표현되어야만 더욱 빛을 발하기 때문입니다. 가족 관계에서도 그리고 제물 수확물의 처리과정에서도, 장

애인과 외국인에까지 모든 것이 이웃과 관련하여 하나님께 책임을 다하는 것이라고 가르치셨습니다.

*"나는 여호와라"*는 말씀에 의해 함께 묶이고19:12, 14, 16, 18 있으니, 책임이 따르게 됨을 깊이 상기시키십니다. 곡식을 거두어도 남겨두고 떨어진 것을 줍지 않도록 그래서 가난한 자들이 삶을 연명할 수 있도록 마음을 쓰십니다. 거짓 약속이나 마음을 억압하지 않도록 권면하십니다. 약한 자의 것을 빼앗거나 품삯을 미루지 말며 듣지 못하는 사람을 저주하지도 말되 눈먼 자가 걸려 넘어질 만한 것들을 놓지 않도록 세심한 배려를 가르치십니다. 공정한 재판을 해야 하며 미워하지 말고, 해를 당하여도 앙심을 품고 갚지 않도록 서로 사랑하라고 말씀하십니다. 하나님의 말씀대로 지켜 은혜 안에 거하길 원하십니다. 그러기 위해 다른 종류의 짐승을 교미시키지 말며, 한 밭에 종류가 다른 씨를 심지 말며 두 재료로 만든 옷을 입지 말라고 하실 정도로 이스라엘이 하나이길 원하셨고 한 하나님만 섬기기를 기대하셨습니다.19:9-19

또한 삶속에 뿌리박힌 죄가 공동체 안으로 들어와 퍼질 것을 염려하십니다. 그래서 개인의 삶의 구석구석까지 성결한 삶을 살도록 이끄시며 직접적인 하나님의 개입으로 공동체로부터 끊어지는 처벌을 받게도 하셨습니다. 이스라엘은 개인의 불평과 죄를 빠르게 확산시켜 공동체로 만드는 무섭도록 어리석은 백성이라는 것을 잘 알고 계신 하나님이셨습니다. 이러한 제도적 울타리를 마련하시어 하나님의 거룩한 백성들이 날마다 축제의 삶을 살도록 권고하시는 하나님의 마음이 있었습니다. 하나님의 백성이 거룩해야 한다면 하나님과 사람 사이의 중보적인 역할을 해야 하는 제사장들은 두말할 것이 없었습니다. 더욱 엄한 제약들을 받게 되는 것은 당연한 것이며 대제사장은 거기에 더한 제약들이 따랐습니다.[21:1-21]

하나님은 열방 중에 이스라엘을 구별하셨고 제사장은 이스라엘 중에서 구별 받았습니다. 그리고 드려진 예물로 생계를 해결할 수 있는 특권도 함께 받게 됩니다. 제사장의 가족들까지만 거룩한 음식을 먹었습니다. 부지중에 다른 이가 먹었다면 120%를 갚아야 하는 배상법에 적용이 되어 제사장에게 돌아가게 했습니다. 거룩한 직분을 수행하는데 필요한 모든 배려 또한 베풀어 주시는 하나님이셨습니다.

백성들 역시 안식일에는 성별된 음식을 먹으며 하나님께 바치기에 합당한 제물을 준비합니다. 창조자요 구원자이신 하나님께 예배드리기 위해 일상의 노동을 중단하고 하나님의 주권을 선포하며 안식일을 지켰습니다. 매해의 일곱 번째 해는 안식년을 지키게 하셨으며 이때에 자연과 토지까지 쉼을 얻을 수 있었습니다. 또한 안식년을 일곱 번 지낸 그 다음해는 최고의 안식년인 희년을 지키며 하나님의 뜻대로[땅의 소유자 하나님-레25:23, 시24:1] 매인자들에게 자유를 주었습니다. 애굽에서 종 되었던 이스라엘을 생각하여 자유를 주시는 것도 잊지 않으신 것입니다. 압류 되었던 재산도 원주인에게 돌아가도록 하시어 하나님의 백성들은[대가족-아버지의 집] 서로 존귀 하게 여기고 사랑해야 하는 강령을 가르치셨습니다. 신약에 예수님께서도 사역을 시작하시며 '나사렛 선언' 을[눅4:16-30, 사

61장 하셨고 하나님의 통치에 대해 분명한 계획을 제시하십니다.

이러한 가르침과 순종으로 인해 가난한 사람과 이방인은 휴경한 땅에서 스스로 자라난 소산물을 맘껏 먹을 수 있었습니다. 이처럼 하나님은 언약 아래 있는 모든 백성이 하나님의 뜻 안에서 평등하기를 바라셨고, 동물이나 땅을 포함한 자연 만물이 하나님의 샬롬을 맛보았습니다. 또한 하나님의 도우심을 전적으로 의지한 백성들에게도 미리 거둔 비축 식량이 항상 넉넉하게 채워지도록 도와주십니다.26:3-5

이스라엘이 지키는 1년에 일곱 번의 중요한 절기로는 우기가 끝나고 건기가 시작되는 봄철 절기와 건기가 끝나고 우기가 시작되는 가을철 절기를 지키게 하셨습니다. 봄에는 곡식을 추수하고 가을에는 과일을 추수했습니다. 첫 달 14일은 유월절로 지켰고 유월절에서 7일 동안은 무교절을 지켰으며 16일 동안이나 감사로 치뤄졌던 초실절과 맥추절이 봄철의 절기였습니다. 또한 가을의 절기로는 나팔절 이라고 불리는 신년제와 속죄일 그리고 초막절을 7일 동안 지키게 됩니다.

이러한 의식들 역시 하나님의 주권 아래 있는 백성들의 위치를 인정하게 했고 그러기에 더욱 하나님을 의지하게 하셨습니다. 이처럼 절기를이스라엘의 3대 절기:유월절(무교절-성금요일), 칠칠절(맥추절, 초실절-부활절, 오순절-성령강림절), 초막절(수장절, 장막절-추수감사절) 기념하도록출23:14-17 하는데 열정을 가지셨던 하나님은 백성을 하나로 묶으셨고 지금까지 행하신 생생한 기억을 되씹음으로 믿음을 성장시키십니다.

절기를 지키도록 권면하신 후에 추가되는 보충적인 규례들을 일러주시는 파토스를 잊지 않으십니다. 성소에 있는 등불과 진설병은 빛과 생명이신 하나님을 보여주기 때문에 성소에는 밝은 빛이 비추어야 하며,[24:1] 생명의 떡이 항상 진열되어 있어야 함을 지시하십니다.[24:5-6] 하나님을 훼방하거나 저주하는 것을 엄격히 금지시켰으며[24:15] 훼방하거나 사람을 죽이면 사형을 당했습니다.[24:16-17] 짐승은 짐승으로, 이웃이 상하면 그 행한 대로, 파상은 파상대로, 눈은 눈으로, 이는 이로 갚을 똑같은 범위를 정해 주셨습니다.[24:18, 21] 자칫 오해하면 정당하게 복수하라는 말로 들릴 수 있겠으나 정확하고 공정한 심판을 하기 위한 기준이 되는 것이며 되갚아 주려는 분풀이가 커져 더 큰 화를 당할 수 있기 때문에 최소한으로 기준을 정해 주신 것입니다.

이제는 믿음으로 드리는 예배와 일반적인 계명을 넘어, 레위기를 통해 말씀하신 법의 최종적인 축복과 저주로심각성을 증가시키는 오중적 형식 도전을 주시며, 축복의 삶이 되도록 권면하십니다. 또한 저주의 삶도 그것이 끝이 아님을 약속하시며 회개하고 돌아오길 바라십니다.

결국 약속의 땅은 하나님의 백성의 패역함으로 토해낸다 할지라도북왕국 이스라엘의 멸망(주전722년)과 유다의 바벨론(586년) 포로생활 그 백성들을 향하신 하나님의 뜨거운 열정이 계속되어질 것입니다. 후에 주전 722년의 북이스라엘의 멸망과 586년의 유다의 바벨론 포로 생활을 통해 쇠잔하여 지지만 열조와 맺으신 언약을 기억하시는 하나님의 은혜를 입어 회복하게 됩니다. 하나님은 하나님의 백성을 싫어 버리시는 일이[26:11-12] 없으시기 때문입니다. 더 나아가 원수의 땅에서도 '남은 자' 언약의 성실하심들을 향하여 하나님의 파토스는 계속되어질 것이며 그 언약을 기억하여 버리지 않고 그 땅으로 인도하시어 다시 거룩한 나라가 되게 하실 것을 말씀하십니다.[26:45]

그러므로 무엇을 하든지 하나님께 정성을 다하기를 촉구하십니다. 십일조 헌금과 헌물 역시 정성을 다하여 정확하게 드려야 하며, 성급한 서원으로 지키지도 못하고 하나님을 없이 여기는 백성의 어리석음을 권면하십니다.[27:1-34] 약속한 서원을 이행하여 하나님께 감사하고 전적으로 헌신하며 충성하는 삶을 통해 하나님의 더 큰 은혜의 복을 누리며 살게 하십니다. 하나님은 무엇보다도 거룩한 삶이 백성들에게 큰 기쁨과 평안이 될 것을 잘 알고 계셨습니다. 그렇기에 성결로 나아오게 하셨습니다. 또한 한 없이 흐르는 하나님의 은혜의 파토스를 마음껏 베풀어 주시길 원하셨고, 그의 백성은 은혜의 복을 누리며 살게 하셨습니다.

모든 것이 완벽한 준비였고, 거룩하신 하나님의 무한한 배려였습니다. 단지 그 밑을 모르는 바다 속처럼 하나님의 마음을 헤아리지 못한 인간의 교만이 하나님 뜻을 지연시키고 맙니다. 그 은혜의 돌봄과 끝없는 사귐의 행하심을 보고, 듣고, 생생하게 느끼고도 눈감으며 귀막아버린 백성들이 있었습니다. 그럼에도 불구하고 백성의 성결을 위한 하나님의 몸부림은 멈추지 않습니다. 이것으로 그 백성과 함께할 길을 여셨으니 백성을 향하신 하나님의 파토스는 날개를 달고 그 백성을 향하였습니다.

성경, 하나님의 파토스는

성경 66권을 통하여

은혜로 돌보시고

사귀어 주시는

하나님의 완전한

사랑이야기입니다.

민수기

죽음의 광야를 생명으로 채우시며

약속의 땅으로 인도하시는 하나님의 파토스

성경, 하나님의 파토스는

성경 66권을 통하여

은혜로 돌보시고

사귀어 주시는

하나님의 완전한

사랑이야기입니다.

민수기

죽음의 광야를 생명으로 채우시며 약속의 땅으로 인도하시는 하나님의 파토스

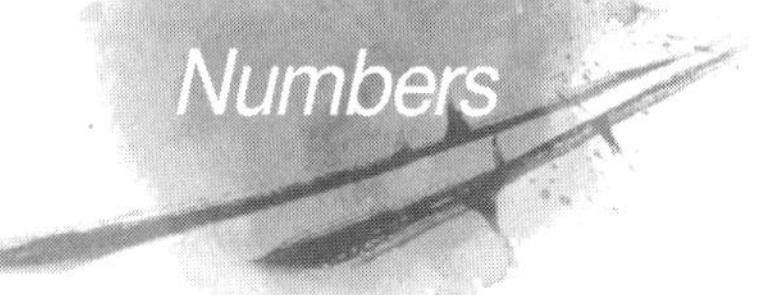

민수기는 배신과 반역으로 얼룩진 광야의 여정 속에서도 긍휼과 자비를 잊지 않으시고, 대를 잇는 거룩한 백성으로의 규례를 주시며, 약속의 땅을 향한 소망을 주십니다. 오직 은총의 파토스를 감사로 누리며 민수기를 읊조립니다.

숲: 읊조리는 하나님의 파토스

민수기는히-베미드바르, 헬-아리트모이 오경의 네 번째 책으로 두 가지 이름을 가지고 있습니다. 우리가 사용하는 명칭은 1장과 26장에 나오는 인구조사 목록에 기초하여 헬라어 70인역 '아이스 모이' 에서 왔습니다. 그러나 민수기는 시내산에서 준비하여 약속의 땅을 향해 나아가는 광야의 여정이기에 히브리 맛소라 본문의 뜻인 '베미드바르' 로 '광야에서' 가 더 적합하다고 봅니다.

이러한 광야의 배경 속에서 레위기를 통해 성도의 기본적인 삶을 지도하였다면, 민수기는 실제 훈련인 '토라에 이르는 길' 을 위한 지침이 됩니다. 그러기에 현장감 있고 매우 생생하게 함께 하시는 하나님의 파토스를 알 수 있습니다.

급속도로 번성하여 큰 무리를 이룬 이스라엘이 가시와 엉겅퀴만 무성한 메마른 죽음 같은 광야 생활을 하게 되었습니다. 율법을 받은 시내산에서 출발하여 신세대의 교체를 이룬 모압 광야에 이르기까지 38년이 걸렸습니다.33:19-35 그러나 이스라엘은 하나님이 함께 하심으로 생명을 맛보았습니다. 아무것도 없는 곳에서 필요한 전부를 하나님의 은혜의 돌보심으로 공급받았습니다. 낮에는 구름기둥으로 밤에는 불기둥으로 인도하시고, 매일 내리는 만나와 메추라기가 있었고 반석에서 나오는 물이 있었습니다. 심지도 거두지도 않았으나 배부르게 먹었으며, 옷이 해어지지 않았고 발이 부르트지 않았습니다.신8:4 이처럼 이스라엘의 생존 능력은 오직 하나님이셨습니다.

모든 것을 공급하시는 하나님의 완벽한 파토스는 연약한 자신의 백성으로 하여금 약속의 땅을 바라보게 하셨습니다. 그리고 조직을 정비하셨습니다. 하나님은 약속의 땅을 향한 의지를 불태우시며 직접 앞서 가십니다. 하나님의 목적과 계획을 진행시키십니다.

이렇게까지 역동적이며 신실하신 하나님의 파토스는 변함없는데 백성들의 모습은 여전히 믿음이 없이 하나님을 원망하며 애굽을 그리워합니다. 하나님의 특별한 은총을 체험하고 레위기를 통하여 교육 받았던 특별한 백성들이 하나님을 믿지 못하고 '반역의 무리'가 됩니다. 불평과 원망의 결과는 광야에서 40년을 생활하게14:2 만들었습니다. 결국 하나님은 연약하다 못해 강퍅하고 패역한 출애굽 세대의언약의 1세대 죄를 징계하시나 또다시 광야 세대의언약의 2세대 손을 잡으시며 약속을 이루기 위한 의지를 이어 가십니다. 신실하시고 성실하신 하나님의 손은 유연하시어 끝까지 언약으로 이끌어 주십니다. 진정한 심판 중에서도 긍휼과 자비의 파토스를 잊지 않으신 하나님의 은혜가 모든 허물을 덮으십니다. 모든 것이 참되시며 백성에게 신실하신 하나님의 사랑은 이스라엘을 더욱 특별하게 만드십니다.

오늘 우리의 삶이 그러하듯이 하나님의 은혜의 돌봄과 사랑으로 사귀어 주시려 행동하심은 우리를 빛나게 하십니다. 약속의 땅을 향해가는 이스라엘의 행진이 거룩하였듯이 정결하여 거룩함을 드러나게 하십니다. 그리고 모든 여정 속에서 하나님의 보호하심과 강하게 하시는 파토스의 사랑이 연약한 이스라엘을 40년간 이끌고 계심을 깨닫게 하십니다. 저주를 축복으로 바꾸시는 신실하신 하나님의 파토스가 항상 그분의 자녀를 향하고 계시기에 새 시대를 열수 있는 소망을 갖게 됩니다.

나무: 생생하게 다가오는 하나님의 파토스

1. 성막 중심으로 이끄시며 약속의 땅을 위한 출정을 준비하시는 하나님의 파토스(1:1-10:10)

이스라엘을 애굽에서 인도하신 하나님의 목적대로 이제 가나안을 향한 행군을 눈앞에 두고 있습니다. 애굽 땅에서 출발한 후 2

년 1개월이 지난 시점이었습니다. 아브라함과 맺은 언약대로 이미 큰 무리를 이루게 된 이스라엘은 죽음의 광야에서 생명을 공급받으며 끊임없는 하나님의 파토스를 체험하였습니다. 또한 성막을 통해 친히 이스라엘과 함께 하셨으며 은혜의 율법을 통해 교제할 수 있는 길을 주셨습니다. 그런데도 믿음 없이 연약하기만 한 이스라엘의 반역이 하나님을 아프게 할 뿐이었습니다. 이렇게 하나님은 침묵의 눈물 속에서도 여전히 함께 하시며 온 파토스를 쏟으셨습니다. 그리고 시내산에서 이스라엘에게 주신 땅에 대한 언약을 충실하게 지키려하십니다.

이스라엘에게 있어 이러한 하나님의 신실하신 동행은 그들의 목숨과도 같은 삶 자체였습니다. 또한 이것이야말로 진노의 대상인 이방인과 다른 하나님의 파토스를 입은 친 백성의 특권이었습니다. 하나님은 자신의 백성들에게 절대적인 은혜의 특권을 베푸시며 약속의 땅을 향한 20일간의 준비를 시작하십니다.

하나님께서 계시는 '성막' 을 중심으로 이스라엘을 이끄시며 모든 것이 완벽한 하나님의 계획을 알리십니다. 하나님께서는 친히 이스라엘을 위한 선봉장이 되셨습니다. 이스라엘을 향하여 늘 새로운 하나님의 파토스는 모든 계획과 준비를 앞서 행하시며 함께하셨습니다. 그리고 이스라엘을 약속의 땅을 향한 기대로 뜨겁게 하십니다.

1) 성막 중심으로 진을 성결하게 준비하시는 하나님의 파토스

(1:1-4:49)

*이스라엘 자손이 여호와께서 모세에게 명령하신 대로 다 **준행**하여 각기 종족과 조상의 가문에 따르며 자기들의 기를 따라 진 치기도 하며 행진하기도 하였더라*(2:34)

모든 여정을 친히 준비하신 하나님께서는 모세를 통해 첫 번째 두 번째 인구조사-각 지파에게 땅을 나누기 위해(26:51) 인구 조사를출애굽 13개월, 시내산 도착 11개월, 시내산 떠나기 19일 전(민10:11) 하시고 진을 배열하십니다. 20세 이상 레위인을 제외하고성막 관리 싸움에 나갈 만한 모든 남자들을 모아603,550명 행군할 부대를 편성하셨습니다. 애굽의 종 되었던 이스라엘을 군사로 소집하시어 하나님께서 디자인 하신 진영대로 배치가 되고 하나님을 섬기고 하나님의 뜻을 펼치도록 하십니다. 하나님의 성막과 함께 행할 새로운 공동체를 창조하십니다. 조직적이면서도 막강한 이스라엘은야곱의 가족 70명이 생육하고 번성함 그 수를 거대하게 드러내며 하나님의 군대로 새롭게 조성됩니다. 등록된 총계를 보면 하늘의 별처럼 땅의 모래알처럼 자손의 축복을 이루신 하나님께서아브라함에게 주신 약속의 성취(13:16: 15:5) 또 다른 땅의 약속도 이루실 것을 소망하게 됩니다.

그리고 각 지파별 · 족속별 · 가계별로 거룩한 진영에 배치됐습니다. 각 지파의 세력에 있어서는 동등하지 않았으나 성막을 중심으로 서로 마주보며 하나님 앞에서 동등하게 하셨습니다. 이것이 다른 나라의 진영과 다른 점이었습니다. 움직이는 성막처럼, 이스라엘의 광야 여정은 하나님이 직접 인도하시는 은혜의 돌봄과 사귐의 행동을 넘치게 보여주십니다.

성막의 동편은 유다를 대표한 잇사갈과 스불론 지파가 진을 치고,2:2-8 이동시에는 성막 기둥을 옮기는 역할을 담당하고, 행진할 때에는 제일 먼저 나아갑니다. 그리고 성막의 남편은 르우벤을 대표로한 시므온과 갓 지파가,2:10-15 성막의 서편은 에브라임을 대표한 므낫세와 베냐민 지파가2:18-23 북편은 단을 대표한 아셀과 납달리 지파가2:25-30 규정된 지시와 방법에 따라 행군하고 멈추게 됩니다. 하나님의 말씀대로 모이고, 이동하는 행군이었습니다. 성막을 중심으로 하여 4방면에 3지파씩 배정되었으나 레위인은 성막을 섬겨야 하므로 인구조사에 포함되지 않았습니다. 12지파의 보호를 받으며 모세와 아론계 제사장들은 성막 출입구인 동쪽에3:38 진을 치고, 고핫 자손의 레위인은 남쪽에 진을 치고 이동시에는 법궤, 금촛대, 진설병 상을 옮기는 일을 맡았습니다. 성물이 몸에 닿지 않도록 특별히 조심해야 했습니다. 게르손 자손의 레위인은 서쪽에 진을 치고 이동시에는 성막 휘장과 큰 제단을 옮기는 사명을 감당했으며, 므라리 자손의 레위인은 북쪽에 진을 치고 이동할 때에는 성막의 널판지와 말뚝 등을 옮기는 하나님의 특별한 사명을 감당하게 됩니다.4:1-33

이스라엘의 첫 태생인 맏아들과 가축의 맏배는 '하나님의 것'으로 드려졌으나 첫째인 르우벤의 범죄와 둘째인 시므온의 악한 죄로 인하여 대신 레위지파가 선택되었고3:11-13 하나님의 영광이

성막과 열두지파 배치도

드러나는 통로로 쓰임 받아 제사장직을 맡을 수 있었습니다. 영적으로 정신적으로 육체적으로 성숙한 사람으로 선출된 8,580명의 레위 지파 사역자들은 그 사명을 다했습니다.

먼저는 백성이 하나님의 거룩을 침범하여 죽임을 당하지 않도록출19:12-13 성막의 출입을 지켰습니다. 성막이 이동할 때 마다 옮기고 다시 세우는 이중적 직무를 감당하였습니다. 또한 제사장은 그 직분을 위임 받았으며, 하나님은 제사장을 통해 백성을 축복하시고 용서해 주시는 은혜를 베풀어 주셨습니다. 중재자를 세우신 하나님의 거룩성은 언제나 은혜로우심을 수반하고 계시다는 사실에 확신을 주십니다. 하나님의 거룩성 때문에 발생되는 모든 심판으로부터 언약의 백성들을 보존하셨습니다. 레위인과 제사장을 통해 하나님의 은총과 자비의 행동을 나타내셨습니다. 하나님은 그 만큼 사랑하는 백성에게 자신을 열어 놓으셨습니다. 그리고 자녀 삼으신 그 백성을 너무 사랑하셔서 자녀를 통해 울고 웃으시는 하나님의 파토스를 나타내고 계십니다. 이렇게 출애굽과 광야 생활에 관한 모든 기록은 하나님의 파토스 사랑에 대한 생생한 표현이 됩니다.

2) 성막을 중심으로 백성들을 성결하게 준비하시는 하나님의 파토스(5:1-10:10)

또 너희의 희락의 날과 너희가 정한 절기와 초하루에는
번제물을 드리고 화목제물을 드리며 나팔을 불라
그로 말미암아 너희의 하나님이 너희를 ***기억****하시리라*
나는 너희의 하나님 여호와니라(10:10)

약속의 땅을 향한 이스라엘의 광야 길은 그 상황에 맞는 특정한 규정들이 필요했기에 지금까지 이미 주어진 규례에 부가해 모세는 국가적인 정결을 위해 백성들의 '성결'을 지시하게 됩니다. 개인의 정결은 거룩한 공동체로 가는 첫걸음이 되기 때문에 살인, 우상숭배, 음란 등의 심각한 부정함을 배척합니다. 무엇보다도 이스라엘과 함께 진중에 거하시는 하나님이 계시기에 성결하도록 준비시키십니다.

의식상 부정한 악성피부병차라아트 · 유출병자브 · 주검으로 인해 부정케 된 자들을 진 밖으로 격리합니다. 물론 이들이 하나님의 은혜로부터 제외된 것은 아닙니다. 질병자에게는 휴식을 위함이고, 그 외 사람들을 질병으로부터 보호하며, 무엇보다도 성결을 원하시는 하나님의 뜻을 알리기 위한 일시적인 방법이셨습니다. 외부의 적과 벌이는 전투가 아닌 내부에 침투한 부정과의 싸움이 매우 중요하기에 하나님은 '성결' 을 거듭 강조하십니다.

또한 이웃에게 끼친 물질적 손해는 속건제를 드리는 날에 오분의 일을[120%] 추가해서 배상하게 하셨으며 배상을 받을만한 친족이 없으면 하나님께 드려 제사장에게 돌리게 하십니다. 잘못을 인정하고 충분한 용서의 표현으로 120%를 배상하게 하시는 것입니다.

남편이 아내의 정조를 의심할[시죄절차] 경우 역시 보리 가루 에바 십분의 일을 가지고 가서 예물을 드리고 제사장의 판결을 받게 됩니다.[5:11-31] 값싼 보리 가루를 드리는 것으로 보아 곤란에 처한 여인을 남편으로부터 보호하기 위함이 더 크다는 것을 알 수 있습니다. 이로서 부부의 신뢰 관계를 회복하고 진영의 정결을 유지할 수 있게 되는 것입니다. 그러나 진짜 범죄 하였다면 하나님께로부터 직접 아이를 못 낳는 저주를 받게 되었습니다. "의심의 소제"요, "생각나게 하는 소제" 인 이 제사는 여인의 머리를 풀고 보리 제물을 들고 성막 바닥의 티끌을 넣은 물을 마시는 행위를[소타 의식] 수반합니다. 어떻게 보면 비합리적으로 보이나 그들이 쉽게 알 수 있는 방법으로 의심받고 있는 자의 정당성을 보이신 것입니다. 사람의 방법으로 알 수 있도록 눈높이를 고려하신 하나님의 은혜였습니다.

그리고 남녀를 구분하지 않은 '나실인' 을[나지르-레위지파 외의 다른 지파(평신도)] 통해 일정기간 하나님께 드려져 헌신할 수 있는 기회도 주셨습니다. 보통 30일간 서원을 이행하는 것이 일반적이지만 사무엘이나 삼손, 세례요한처럼 평생 나실인으로 드려질 수도 있었습니다. 평범한 생활 속에서 가족들과 함께 생활을 영위하면서 포도주와 독주를 마시지 말고 머리에생명력의 상징 삭도를 대지 말며, 부정한 시체를 멀리하는 금지사항을 지킴으로 나실인 서원을 지킬 수 있었습니다. 이것을 감사하며 화목제와 소제를 드렸습니다. 만약 서원이 깨어졌다면 특별한 의식을 거행하여 머리를 밀고 속죄제인 정화 제사를 드리고 번제와 속건제인 배상제사를 드렸습니다. 이렇게 일반 백성 역시 자신의 몸을 구별하여 하나님께 쓰임 받을 수 있었습니다.[6:1-22]

또한 하나님은 그의 자녀 삼으신 백성들에게 축복을 선언 하십니다. 이것이 축도의 원형이 되어집니다.[고후13:13] 하나님의 도구로서 축복받도록 쓰임 받는 제사장을 통해 '하나님의 이름' 을 백성들에게 놓으며 최고의 축복을 주십니다. 삼위일체 하나님의 이름으로 대제사장의 축복 속에서 샬롬의 약속을 얻게 됩니다.[6:22-27]

최고의 풍성함으로 최고의 보호자로서 자신의 백성들을 기뻐하시며 구원하시는 하나님의 사랑의 파토스가 축복의 언어로 흘러넘칩니다.보호 → 은혜 → 샬롬 은혜 베푸시기를 기뻐하시며 그의 자녀들을 향해 바라보시며 그들의 삶을 완전하고 온전하며 충만한 평화로 채우시는 완벽한 축복의 파토스가 온 백성들에게 선포 됩니다.

드디어 성막을시내산 도착 9개월 구별하여 봉헌한 날, 이스라엘 백성들은 감사의 응답으로 예물을 준비하였고 각 지도자들이 스스로 엄청난 양의 예물을 드리게 되었습니다.[7:1-8] 성막 중심의 공동체가 탄생한 기쁨의 날이었습니다.

이것으로 레위인들이 성막봉사에 쓸 물자를 후원받았으며 레위인들 역시 정결의식을 거행함으로 하나님께 아낌없이 드려집니다. 또한 제사장은 일곱 '등잔대' 를 '진설병' 이생명의 떡 비취도록 차려서 하나님께서 풍성한 삶을 공급하고 계심을 보이게 하였습니다.8:1-4

이 후에 이스라엘은 두 번째 '유월절' 을 지키게 됩니다. 첫 번째 '유월절' 은 이스라엘 공동체의 '정체성' 을 지키는데 뜨거웠던 백성의 마음이 두 번째 유월절을 통해 구원받은 은혜를 회상하며 새 출발의 시작을 알리는 역사적인 날이 분명한데도 지키지 않음으로 죄 짓지 말기를 경고하시는 말씀입니다.9:13-14

그래서 시체를 만지거나 멀리 여행 중인 자들과 타국인들에 대해서도 다음 달에2월14일 '소유월절' 을 지키게 하셨습니다. 하나님을 인정하는 모든 사람의 절기가 되게 하셨음에도 고의적으로 지키지 않은 백성들은 공동체에서 끊어졌습니다. 결코 하나님의 율법은 백성을 억압하기 위한 것이 아니었습니다. 오히려 자유를 주기 위한 것인데도 깨닫지 못하는 백성들로 인해 하나님은 애통해 하십니다. 하나님 밖으로 흩어지려는 백성의 방어선이 되어준 율법은 눈물이 되어 흐르지만 그 백성을 위해 결코 거둘 수 없는 하나님의 파토스입니다. 낮에는 구름 기둥이,하나님의 '함께하심' 과 이동의 상징 밤에는 불기둥이계시의 수단, 현존 방식 인도하여 자기 백성을 향한 돌보심의 파토스를 보여주며 하나님의 모든 계획은 변함이 없으심을 알려주십니다.

그리고 은 나팔을제사장, 양각나팔-일반인 만들어 구름의 행진 방식에 따라 백성의 이동과 멈춤을 가능케 함으로써 백성 전체가 시내산에서 가나안까지의 여정에 참여할 수 있게 하십니다. 또한 은 나팔 2개를 준비하여 전쟁을 예비하십니다. 하나의 은 나팔을 불면 지파의 지도자를 모으고, 은 나팔 두개를 불면 진을 성막 문으로 모으며, 나팔을 크게 울려 불면 첫 번째 비상으로 동쪽부대가 이동하고, 두 번째로 울리는 비상 나팔은 남쪽부대 이동을 알렸습니다.10:1-8 특별한 날과 새로운 달에도 제사장이 나팔을 불어 하나님의 뜻을 알렸습니다. 수많은 무리의 대 이동을 가능하게 하신 하나님의 능력과 섬세한 계획은 모든 준비를 마치게 하십니다. 친히 이스라엘의 하나님이 되셔서 그들을 애굽에서 인도하신 하나님은 시내산의 모든 준비를 하나님의 손에서 시작하여 끝내시고 자신의 백성들과 함께 언약궤를 앞세우며 약속의 땅을 함께 걸어가십니다.

2. 거듭되는 반역에도 온 정성을 다하여 개입하시는 하나님의 파토스(10:11-14:45)

여호와께서 모세에게 이르시되 여호와의 손이 ***짧으냐*** *네가 이제 내 말이 네게 응하는 여부를 보리라*(11:23)

이스라엘 백성들이 하나님이 일러주신 대로 떠날 준비를 마치고 드디어 출발을 하게 됩니다. 그동안 출애굽한 이스라엘 백성들은 시내산에서 1년 동안 십계명과 규례들을 배우고, 성막을 만들고, 제사제도를 수립하며, 진을 편성하여 시내광야에서 바란 광야로 언약궤를 앞세우고 출발을 하게 됩니다.

*"그들이 야웨의 산에서 떠나 삼 일 길을 갈 때에 야웨의 언약궤가 그 삼 일 길에 앞서 가며 그들의 쉴 곳을 찾았고"*10:33 성경은 이스라엘 백성을 위해 앞서가시며 쉴 곳을 찾아 인도하시는 하나님의 파토스를 분명히 기록하고 있습니다. 모세는 은혜의 돌봄이 가득한 하나님의 파토스를 의지하여 행군하며 외칩니다. *"야웨여 일어나사 주의 대적을 흩으시고 주를 미워하는 자로 주의 앞에서 도망하게 하소서"*10:35 또한 언약궤가 멈추었을 때 역시 하나님의 도우심을 구했습니다. *"야웨여 이스라엘 천만인에게로 돌아오소서"*10:35 하나님께서는 그들의 변덕스러운 요구에만 반응하신 것이 아니었습니다. 늘 변함없는 이스라엘의 하나님이 되어 주셨습니다.

그러나 이스라엘과 함께 행하신 하나님이 처음 만난 적은 그의 백성이 되고 말았습니다. 수많은 무리가 광야를 이동하며 진군하는데 따르는 모든 어려움을 이겨내게 하고자 그토록 철저히 준비하게 하셨는데 그들은 불평하였고 하나님을 시험하며 원망하였습니다. 이에 하나님은 진노의 불을 내리셔서다베라-야웨의 불이 붙음 진의 한 부분을 조금 태우셨으나 모세의 기도로 불을 끄십니다.11:1-3

홍해를 건넌지 3일도 안되어 불평을 토로한 이스라엘을 징계하지 않으셨던 하나님께서 그들에게 진노하셨습니다. 그때에는 어린아이 같았던 이스라엘이 하나님의 동행으로 교육을율법의 가르침과 순종서약 받고 하나님을 알 수 있기에 좀 더 성숙하길 바라셨으나 악한 말로 원망할 뿐이었습니다. 그 후 섞여 사는 무리들의 탐욕을 시작으로 또 다시 불평이 고개를 들게 됩니다.11:4-6 이유는 단지 고기를 먹기 위함이었습니다. 이에 모세는 자신에게 무거운 짐을 지우신 하나님을 비난하며 죽기를11:10-15 청합니다. 이처럼 백성들의 계속되는 불평과 원망을 듣기도 가슴이 터질듯한데 자포자기 한 모세를 어루만져주시는 하나님의 파토스가 뜨겁습니다. 결국 양쪽 모두에게 은혜의 돌봄과 사귐의 행동으로 응답하십니다.

자비로우신 하나님께서는 70명의 장로를 선택하여 모세의 짐을 나눠지게 하셨으며 백성에게는 메추라기를 주셨습니다. 여기서 모세는 하나님의 뜻을 깨닫게 됩니다. '하나님의 영' 이 임하여 70명의 장로가 예언하고예언의 확대-욜2:28, 행1:8 이에 속하지 않은 엘닷과 메닷이 일시적으로 예언하나 모두다 선지자 되기를 여호수아에게 가르칩니다.11:29 하나님의 일을 감당하려면 모두 다 성령으로 충만해야 한다는 것을 깨닫게 된 것입니다.

그러나 백성들은 메추라기를 먹으면서도 하나님께 감사 하기는 커녕 그들의 과도한 탐욕을 드러내어 하나님을 진노하게 했습니다. 탐욕의 죄를 지은 백성을 하나님이 치시므로 기브롯 핫다아와는 '탐욕의 무덤' 이 되고 말았습니다. "야웨의 손이 짧음도 아니라" 는 것을 이미 아는 모세와 백성들은 하나님의 큰일을 보았습니다.11:23 온 우주를 주장하시며 바람을 잡으시는 '하나님의 손' 이사40:12, 잠30:4 파토스와 함께 하셨는데도 그들은 자꾸만 죄로 빠져듭니다.

미리암과 아론이 모세가 구스 여자를 취했다는 명분으로 찾아와 모세와 동등함을 주장하며 그의 자리를 탐내는 탐욕을 보였습니다. 이에 하나님께서는 친히 개입하셔서 겸손히 충성한 모세의 손을 들어 주시고, 미리암과 아론은 책망을 받습니다.[12:6-8] 그 결과 주도적으로 저항한 미리암은 문둥병으로 진 밖에서 7일을 거하고 깨끗해진 후에 돌아오게 됩니다.[12:10-15] 유독 미리암을 정죄하신 하나님의 뜻은 명분을 위함이셨습니다. 하나님은 모세뿐만 아니라 미리암과 아론도 사랑하셨습니다. 하나님의 파토스는 언제나 그들과 함께 있었기에 이로 인해 백성이 더 이상 범죄 하지 않기를 바라는 것이었습니다. 사소한 문제에서부터 큰 문제에 이르기까지 모든 것을 개입하시며 해결하시는 하나님의 파토스는 약속의 땅을 향한 바란 광야에 함께 하십니다.

아직까지도 하나님을 신뢰하지 못하는 백성들의 불신이 약속의 땅의 정탐을 요구하게 되었는데[신1:20-23] 하나님은 선하게 허락하셨습니다. 하나님의 약속의 땅이 얼마나 비옥하고 풍요로운지 체험하고 충성한 열매도 백성이 볼 수 있도록 유도하셨습니다. 그리고 12명의 정탐꾼이 40일을 정탐한 후 백성들은 하나님의 약속이 정확했음을 확인할 수 있었습니다. 그러나 10명의 악한 정탐꾼과 2명의 신실한 정탐꾼의 보고로 백성들은 최종적인출애굽의 전체 목적을 부정하는 주장 반역의 재앙을 불러오고 말았습니다. 출애굽의 전체 목적을 부정하게 되는, 하나님을 거스리는 죄를 짓게 된 것입니다. 젖과 꿀이 흐르는 땅이지만 사람을 삼키는 땅으로 거인네피림 아낙자손후에 갈렙에 의해 쫓겨나 블레셋에 흩어짐-골리앗이 거하여 불가능하다는 것입니다. 약속의 땅 앞에서 자신들을 메뚜기에 비교하니,

보고를 들은 백성들이 밤새 울며 차라리 광야에서 죽게 해 주실 것을 구하기까지 했습니다. 또한 지도자를 세워 애굽으로 돌아가자고 주장했습니다.[14:1-4] 그 백성에게 약속하신 땅을 주시기 위해 시내산에서 언약하시고 성막으로 임재하신 하나님께 패역함의 극치였습니다. 시내산을 떠난 지 불과 2-3개월 만에 언약이었던 약속의 땅을 거부하게 됩니다. 하나님의 인도하심과 기적을 무시하며 통곡하는 백성들 앞에 모세와 아론은 엎드렸습니다. 그리고 옷을 찢고 자신들의 보고를 믿어 달라고 외치는 여호수아와 갈렙 역시 "그들은 *우리의 밥*"이라고 승리를 확신하였습니다. 하나님이 우리를 기뻐하시면 그 땅으로 인도하실 것이라는 믿음과는 상반된 이스라엘의 죄를 보게 됩니다.[14:8-9] 하나님과 사람 사이의 중재자로 세운 모세와 아론을 비롯한 믿음의 두 정탐꾼들을 돌로 치려했습니다. 이것으로 하나님과 관계 자체를 단절하려는 이스라엘의 엄청난 반역이 드러났습니다.[14:10] 모세는 하나님께 중보기도 하기를 지금까지 사하신 것처럼 용서하시기를 구합니다.[14:15-19] 결국 이 슬픈 사건의 마무리는 심판과 용서였습니다. 이에 10명의 악한 정탐꾼은 전염병으로 죽었으며 출애굽한 세대는 약속의 땅을 들어가지도 못하고 그들이 불평하며 구한대로 광야에서 절망의 40여 년을 지내며 생을 마감합니다. 그들의 거부로 결국은 안식을 얻지 못하게[히3:18] 된 것입니다.

이스라엘을 향한 하나님의 계획을 정면으로 거부하는 백성들로 인해 하나님은 흐르는 눈물을 삼키고 계시나 광야 세대를 향한 소망을[용서의 선언] 주고 계십니다. 그런데 출애굽 세대는 끝까지 광야로 돌아가라는 하나님의 말씀을 거역하고 하나님이 함께 하시지 않는 전쟁을 감행하게 됩니다. 뒤 늦은 후회조차도 하나님의 뜻대로 하지 않은 이스라엘은 호르암파괴에서 참담한 패배로 죽음을 맛보게 됩니다.

이처럼 반역한 패전병 이스라엘을 가나안 남쪽가데스바네아에서 다시 광야로 물리십니다. 결국 그 땅을 다시 밟기까지 40년의 긴 세월이 걸리게 되었지만, 하나님은 거룩한 백성이 되도록 처음부터 다시 시작하십니다. 그리고 은혜가 풍성한 하나님은 여전히 만나를 내려주시며 백성들과 함께 거하십니다. 그들의 패역함이 하나님의 사랑의 파토스를 멈추게 할 수 없었으며 은혜로 품어 주시는 날개를 거두어들일 수 없었습니다. 하나님은 그래도 자신의 백성을 향하여 새로운 희망의 율법을 주시며 함께 하기를 초대하고 계십니다. 오직 은혜라고 밖에는 설명할 수 없는 하나님의 마음이며 뜨거운 파토스이십니다.

3. 승리로 약속의 땅을 챙겨 주시며 축복하시는 하나님의 파토스(15:1-25:18)

*야곱의 허물을 보지 아니하시며 이스라엘의 반역을 보지 아니하시는도다 여호와 그들의 하나님이 그들과 **함께** 계시니 왕을 부르는 소리가 그 중에 있도다*(23:21)

출애굽 세대의 실패를 딛고 그들은 거울삼아 하나님과 함께하는 관계를 지속적으로 유지하기 위해 광야 세대를 교육하고 계시는 하나님의 노력이 펼쳐집니다. 광야에서 가나안으로 옮겨진 백성들의 삶 속에서 하나님께 드려야 할 제사와 제물에 관해 지시하십니다. 부모들의 실패를 보고 약속을 향한 돌보심으로 하나님을 경험한 광야세대를 통해 감사의 마음으로 자원해서 드리는 낙헌제를 준비시키신 것입니다.[15:3] 가나안에 들어가면 멈추게 될 만나를 대신하여 그 땅의 양식을 얻게 하실 때 첫 추수를 하나님께 감사로 드리게 하십니다. 매일의 음식을 먹을 때마다 하나님을 인정하고 하나님께 신앙을 고백하도록 하셨습니다. 말씀을 따르는 거룩하고 정결한 삶을 요구하십니다. 그래서 하나님께 드리는 예배에 속죄가 강조되는 것이었습니다.[15:25] 회중이나 개인이나 무의식적인 죄를 지었을 때에도 속죄 제사를 드려야 하며 본토인이나 타국인이나소요의 주범 모두에게 동일한 방법이 요구되었고 감사제와 정화제사도 드리도록 하였습니다. 야웨의 백성으로 불리길 원하는 외국인이 이스라엘의 공동체에 들어 올 수 있게 열어 놓으셨으나 그렇다고 결코 세상이 들어 올수는 없었습니다.

고의로 죄 짓는 자가 백성 중에서 끊어지며, 안식일을 범하면 진 밖에서 돌에 맞아 죽게 되는 것은 하나님의 은혜를 벗어나 공의로 대하길 자초하는 그들의 죄였습니다.[15:32-36] 하나님이 주신 은혜의 율법을 지키며 하나님과 함께 거할 수없는 또 다른 세심한 배려 속에서 그 백성에게 은혜를 베풀어 주십니다.

겉에 걸치는 옷자락에 '술' 을tassel 만들어 달고 자주색하늘의 색-거룩한 신분 끈을 달아 봄으로써 율법을613개의 계명 기억나게 하셨습니다. 눈으로 보고 귀로 들으며 먹을 때마다 의식적으로라도 거룩한 하나님의 백성으로 제사장의 나라로서[벧전2:9] 그 신앙을 드러내게 하시려는 것입니다. 오직 은혜 안에 있게 하시려는 하나님의 파토스가 넘쳐납니다. 그럼에도 계속되는 내부의 죄악들이 하나님의 은혜의 돌봄과 사귐의 행하심을 감사하지도 못하게 합니다. 자신이 얼마나 중요한 일을 맡고 있는지도 모르고[16:6-7] 모세와 아론을 질투하며 자리를 탐하였던 고라당의 반역무리가 결국은 심판을 당하게 되었습니다.[16:1-35]

또한 이들을 두둔하며 항의한 백성이[14,700명] 염병으로 죽임을 당하게 됩니다. 하나님 앞에서 동등한 것은 사실이나 공동체 안에서 수직적인 질서를 세워 하나님의 일을 감당하도록 하신 하나님의 뜻을 거스리는 반역이었기에 하나님의 매는 아팠습니다. 그리고 다시는 매를 들기를 바라지 않으셨습니다. 250명의 족장들이 피의 죽임을 당했던 향로로 편철을 만들었으며[17:8] 아론의 권위를 세워 주신 싹 난 지팡이도 간직하게 하셨습니다. 편철과 싹 난 지팡이를 보면서 반역의 결과를 잊지 않게 하시고 백성이 또 다시 범죄 하지 않도록 일깨워 주시려 하십니다.

그리고 제사장과 레위인에게 하나님께서는 영원한 기업이 되어 주신다고 말씀하시며 변하지 않는 "소금언약" 을[민18:19] 약속 하십니다. 또한 그리 쉽지 만은 않은 레위인과 아론의 아들들에게 책임 없이는 위험한 직무를 주십니다. 일반 평민이 시체에 닿아 부정해졌다면 제사장의 도움 없이도 간단히 정결의식을 행할 수 있도록 하십니다. 죽음의 공포를 완하시켜 주시며 진 밖으로 추방되는

7일을 무마시켜 주십니다. 붉은 피를 대신하는 붉은 암 송아지 재를 통해 경제적인 부담을 덜어 주시며 죄를 멀리하고 성결한 삶을 살도록 끊임없이 권하고 계십니다.19:1-22

그리고 출애굽 세대를 정리하며 미리암이 죽게 되고20:1 하나님의 거룩함을 나타내지 못한 아론도20:28 약속의 땅을 바라보고 엘리아살에게 대제사장직을 승계한 후 죽게 됩니다. 게다가 모세 역시 가데스의 므리바에서 반석에게 '명하여' 물을 내라는 명령에 순종하지 않고 두 번씩이나 '쳐서' 불순종의 모습으로 하나님의 거룩하심을 나타내지 못한 잘못으로 약속의 땅을 얻지 못하게 되었습니다.20:1-13 또한 하나님의 뜻 없이 에돔을 우회하며 하나님의 근본 의도를 넘어서는 자신의 행동으로 광야에서신34:5-6 죽음을 준비해야 했습니다.20:14-21 그렇다고 해서 하나님의 약속이 멈춰진 것이 아닙니다. 새롭게 시작할 광야세대에게 함께 하시는 하나님의 파토스가 있었습니다.

남방에 거하는 가나안 사람 아랏왕을 이스라엘에게 붙이셔서 승리하게 하셨습니다.21:1-3 또한 하나님을 직접 대적하여 원망한 이스라엘을 불 뱀으로 훈계하셨습니다. 길이 험하다는 이유로 상습적인 원망이 나오니 이스라엘은 심히 어린아이 같았습니다. 그러나 하나님의 말씀을 믿고 나무에 높이 달린 놋 뱀을예수 그리스도의 십자가의 모형(요3:14-15) 보고 낫도록 은혜의 길을 열어 주셨습니다.21:4-9 이처럼 죄에 대해서는 엄격하신 하나님께서는 그분의 자녀를 살리기 위해서는 마음이 지극하신 아버지이셨습니다. 뜨거운 태양이 작렬 하고 목마름으로 타들어가는 사막을 헤매는 피곤

함이 감사를 잊게 할 수도 있지만 그 광야를 함께 동행 하시는 하나님의 파토스를 잊어서는 안 되는 것이었습니다. 그래도 신실하신 하나님의 파토스는 헤스본과 거인 족 마산 왕 '옥' 과의 전쟁 중에서 승리를 안겨 주셨습니다. 이제는 메뚜기 떼가 아닌 거대한 소 떼처럼 북진하는 이스라엘을 모두가 두려워하게 됩니다.22:4

모압 왕 발락이 당대 최고의 복술가 발람을 고용하게 된 이유 역시 하나님의 파토스의 통로였습니다. 그들에게는 없고 이스라엘에게만 있는 하나님의 은혜와 동행이 이방의 술사 발람을 통해 명백히 드러나게 됩니다. 발람은 하나님이 저주하지 않으며23:8 어떤 민족과도 견줄 수 없는23:9 수많은 무리가 된 이스라엘을 고백할 수밖에 없었습니다. 하나님은 거짓이 없으시고 말씀을 반드시 이루시므로23:19 축복을 명받았으니 축복을 돌이킬 수 없다고23:20 말합니다. 그러니 결코 저주할 수 없다는23:23 현실을 느끼며 이스라엘을 향한 축복의 입이 세 번씩이나 열리게 된 것입니다. 이스라엘의 번영과 그 왕국의 존귀를 축복하며 위대한 왕이 일어나 모든 원수를 물리칠 것이라는 하나님의 구원을 외치게 됩니다. 이스라엘을 저주할 수 없는 현실을 느끼는 적들의 좌절 속에서 하나님의 백성들은 평안하였습니다.23:26

하나님의 백성들이 의식하지 못하는 가운데 이스라엘을 보호하고 계셨습니다. 이스라엘이 맞은 위기를 기회로 바꾸어 이스라엘을 복되게 하시는 하나님이셨습니다. 하나님의 전능하심을 깨달았기에 이스라엘을 저주할 수 없었지만 이스라엘은 스스로 약하기 때문에 넘어질 수 있었습니다. 싯딤에 머물러 있던 이스라엘 백성과 그들의 대표자들이 바알브올로 초대를 받았고 결국 모압 여자의 유혹에 넘어가 영적 · 육체적 행음자들이 되었습니다. 물론 발람의 음모였지만 이들의 죄악으로 인해 이스라엘 전체가 영적으로 불결해지게 됩니다.[25:1-5]

깨끗하지 못하고 바르지 못한 삶이 결국 하나님을 대신하여 다른 우상을 숭배하게 되었습니다. 하나님은 문제를 일으킨 자녀들의 죄를 긴급하고 강력하게 통제하시려 염병을 내리십니다. 그러나 모세의 우유부단 태도 속에서 24,000명이 죽게 되었습니다.[25:9]

공교롭게도 시므온 지파의 시므리가 회중의 목전에서 미디안 여자를 데리고 들어가자 대제사장 엘르아살의 아들 비느하스가 응징을 합니다. 하나님 마음에 합당한 그의 선행으로 하나님은 노를 돌이키십니다.[25:13] 발람의 음모로 시작된 이 사건으로 인해 오직 사랑으로 함께 하시고 은혜 주셨던 하나님의 파토스를 저버리게 되었습니다. 그리고 다른 신을 섬기기를 선택한 이스라엘은 그들 스스로 하나님의 대적 자가 되었습니다.

자녀들을 너무 사랑하시기에 질투하신 하나님은 아픈 매를 드셨습니다. 그러나 그 은혜는 아침마다 새롭고 풍성하여 그 구속의 목적은 결코 중단되지 않았습니다. 패역한 백성을 정비하시고 챙겨주시며 또 다시 가나안으로 인도하고 계십니다.

4. 믿음의 준비로 약속의 땅을 기업이 되게 하시는 하나님의 파토스(26:1-36:13)

그 땅을 점령하여 거기 거주하라 내가 그 땅을 너희 소유로 너희에게 ***주었음이라***(33:53)

첫 번째 인구 조사는601,730명 출애굽 직후 광야 생활을 준비하는 이스라엘을 위한 것이었으나, 두 번째 인구 조사는603,550명 하나님의 보호하심으로 광야 40년의 마지막을 정리하며 약속의 땅으로 새로운 공동체가 들어갈 준비를 위해 시행됩니다. 1차 인구 조사에 들어 있었던 광야 세대는 단 한명도 그 계수에 들어가지 않고 모두 광야에서 죽음을 맞이했습니다. 2차 인구 조사를 통해.26:63-65 하나님의 말씀은 더욱 분명해졌습니다

가나안 땅에 들어가서 각 지파의 인구수대로 면적을 정하여 공평하게 땅을 분배해야 할 일만 남았습니다. 하나님의 의해 분배 받을 땅을 '기업' 이라 부르게 하시며 대대손손 그 기업을 보존하도록 하셨습니다. 하나님께서 선물로 주신 기업은 하나님께서 주관하신 결과대로 제비를 뽑아 땅의 위치를 결정하여 갖게 하십니다.26:52-56 조상의 이름에 따라 각 지파의 수를 세어 상속받게 된 것입니다.

르우벤 지파는 원래 형제 전체의 장자였으나 아버지 야곱의 첩 빌하를 범하는 죄를 지었습니다. 그리고 민수기 16장에서 고라 자손과 함께 레위가문에 반기를 들다가 하나님께 죽임을 당하기도

했습니다. 후에 고라 자손은시42-49 성전에서 노래하는 역할을 담당하기도 합니다.

그리고 **시므온 지파**는 세겜에서의창34:25 잔인한 복수 때문에 비극적인 예언을 받았으며창49:5-7 두 번째 인구조사에서 37,100명이 감소하였고, 후에 유다지파에 복속되는 슬픔을 겪게 됩니다. 하지만 에스겔은 이 지파의 회복을겔48:24-25 예언합니다.

갓 지파는창46:16 모세로 부터 야웨의 공의와 이스라엘에 세우신 법도를 행하는 축복을창49:19 받았습니다.

특별히 **유다 지파**는창37:26 가장 많은 인구수를 기록하며 땅 분배에서도 가장 좋은 중앙 산악 지역을 차지하여 다른 지파들의 지도적인 위치를 가지게 됩니다.

잇사갈 지파는창49:14, 신33:18 비옥한 옥토를 분배받았고 사사 드보라와 돌라를 배출한 지파이기도 합니다.

스불론 지파는창49:13, 신33:18 지중해와 갈릴리 사이의 전략적인 중요한 땅을 배분 받지만 전쟁에 대한 방비의 어려움을 겪게 됩니다.

므낫세 지파는 요셉의 장자였지만 야곱이 에브라임을 오른손으로 축복하였기에 주도권이 동생에게 넘어가게 됩니다. 므낫세의 마길과 그의 아들 길르앗과 헤벨에 이르기까지 아들이 있었으나 슬로브핫에 이르러 아들이 없었습니다. 후에 이 지파에서는 샷기드온과 입다가 배출되기도 합니다.

에브라임 지파는창48:1, 수16:1 요셉의 둘째 아들이지만 야곱으로부터 장자의 축복을 받습니다. 이 지파에는 여호수아와 사무엘, 북

이스라엘의 초대왕인 여로보암을 배출한 지파로 중요한 위치를 차지하게 됩니다.

베냐민 지파는창49:27, 신33:12 유다와 에브라임 사이의 중앙 산악 지역을 분배 받았지만 레위인의 첩을 집단으로 욕보이고 덮으려는 만행으로 멸족의 위기를 당하게 됩니다.삿19-21장 이스라엘에서 끊어지지 않게 하려는 나머지 지파들의 긍휼로 명맥을 이어가다가 후에 사사 에훗과 사울 왕이 나오는 지파로 알려집니다.

단 지파는창49:17, 신33:22 지중해 연안지역을 분배 받았는데 블레셋에게 영토를 빼앗기는 수모를 겪고, 북쪽 라이스 성을 점령하여 살게 되는데, 이곳은 후에 여로보암의 금송아지 신전이 되기도 하고, 요한계시록에서는7:4-8 인 맞은 12지파에서 제외되는 비극을 겪게 됩니다.

아셀 지파는창49:5, 신33:24 좋은 땅을 분배받았는데도 영향력은 약하였고, 특히 여사사 드로라의 전쟁에서 참여하지 않는 모습을 삿5:17 보여주었습니다.

납달리 지파는창49:21, 신34:23 비옥한 땅을 분배 받았지만 방어하기에 어려움이 많았었습니다. 하지만 이사야의 예언처럼사9:1 예수님의 사역이 대부분 이곳에서 이루어지는 중요한 곳이 됩니다.

레위 지파는 야곱의 축복에서창49:5-7 흩어져 사는 저주의 선언이 있었는데 48개의 성읍에 흩어져 제사를 주관하며신33:10 살게 됩니다.

이때에 요셉의 7대손으로 므낫세 지파의 슬라브핫에게는 아들이 없어 상속에서 제외됨을 건의하게 되었습니다. 이를 옳게 여기신 하나님께서는 슬라브핫의 딸들의 손을 들어주십니다. 아직 약속의 땅이 실현되지 않은 상황에서 하나님께서 분배해 주실 약속을 믿고 요구한 그녀들의 큰 믿음을 보시고 개인의 기업이 중단되지 않도록 지켜주십니다. 새로운 상속법을 주시며 같은 지파와의 결혼을 통해 분배될 땅을 지키게 하십니다.27:1-11 가나안 땅을 그 지파에게 영원히 속하도록 길을 열어 주셨습니다.36:9 가난하고 약한 백성들을 위한 파격적인 조치는 지금까지 넘쳐흘렀던 하나님의 사랑의 파토스였습니다.

그리고 모세의 죽음이 예고되었으나 실수한 지도자로 불쌍한 인생이 아닌 존경받는 지도자로 인정받게 하셨으며, 성령이 충만한 여호수아를 세워 주셨습니다.27:18

여호수아는 출애굽 때부터 군사지도자로 헌신했었고, 항상 모세 옆에서 모세를 지켰으며, 가나안 정탐꾼으로는 하나님의 약속을 믿고 순종한 한결 같은 신앙의 인물이었습니다. 물론 하나님과 직접 대면하였던 모세와는 달리 대제사장 엘르아살의 중재를 통해 우림과 둠빔으로,27:21, 출28:30 하나님의 지시를 받았으나 두 지도자 모두 하나님의 파토스에 깊이 감사하며 약속의 땅을 위한 준비에 사명을 다하게 됩니다.

이제 가나안을 행해 가는 이스라엘은 변화된 환경을 맞이하게 됩니다. 그러나 변치 말아야 할 것은 그들의 중심이 하나님이어야 한다는 사실입니다. 그래서 절기와 규례를 주십니다. 예배가 백성의 삶의 전부를 감싸 안도록 인도하십니다. 가나안의 강력한 대적을 파할 수 있는 힘이 하나님께로 나오고 있음을 알게 하십니다.

가나안의 이방 관습에 물들지 않고, 동화되지 않도록 철저하게 거룩한 백성의 삶을 살도록 은혜로 돌보시고 예배를 통해 사귀어 주십니다.

매일 상번제를타미드-365일 드림 아침과 해질 때에 전제와 병행하여 하나님께 화제로 드리며28:3-8 하나님께 모든 것을 맡기는, 삶의 시작과 끝을 예배의 삶으로 살게 하시고, 하나님께서 창조를 제7일에 마치고 안식한 안식일을 지키게 하셨습니다. 또한 이 날은 평일의 두 배를 제물로 구별하여 드리고, 고운가루도 10분의 1이 더 많게 드리게 하셨습니다.

매 월 첫날은하나님의 도우심을 받아가는 시작의 때 초하루의 월삭예배를 드리며 소제 · 번제 · 화목제 · 속죄제를 드렸고 나팔을 불어 알리며 경축했습니다.

이스라엘의 삶 전체를 연간 예배로 시작하여, 열 가지 이적과 장자의 죽음이 넘어간 유월절출애굽 기념-무교절(정월 14일 유월절 다음날부터 7일간)을 지키게 하십니다. 그리고 가나안에 들어가 하나님이 선물로 주신 밀를 추수하여 첫 열매를 거두어 하나님께 드리는 칠칠절오순절, 주후2세기부터는 시내산에서 율법을 받은 것을 기념을 번제로 드리게 하십니다. 이때에 사회적으로 약한 자와 함께 가나안을 주신 하나님을 높이게 됩니다. 이어서 상번제로 3가지 예물을 따로 바치는 신년제사와 일곱째 달을 첫 달로 하여 지키는 나팔절을 지키도록 하십니다. 또한 이스라엘 백성의 모든 죄가 속죄 되는아사셀 염소의식 가장 중요한 예식인 대속죄일과일곱 째달 10일-욤 키푸르 그 달 15일부터 7일 동안 초막절을장막절, 수장절(출23:16) 지킵니다.28:1-29:40 이렇게 가장 풍요로운 과일 추수 시기에 40년의 광야 생활을 기억하여 도우신 하나님의 은혜를 감사하는 것입니다. 지금까지 이스라엘의 역사가운데 은혜로 인도해 주신 성실하신 하나님을 기억하도록 하시며, 가나안에서의 철저한 예배를 명하셨습니다.

가나안 땅에 정착하여 드려질 많은 예물들은 하나님을 인정하는 행위로 그곳에서 부어주실 하나님의 축복을 암시해 줍니다. 백성들이 누릴 엄청난 부를 하나님께 감사하게 합니다.

이어서 하나님의 약속에 대한 반응과 믿음의 기준이 되는 신앙의 척도로서 개인이 드리는 '서원' 에 대한 규례를 주십니다.30:1-16 서원의 대상이 하나님이시기 때문에 반드시 하나님 말씀대로 지켜야 함을 가르칩니다. 또한 딸과 아내의 서원도 아버지와 남편이 동참하여 후원하므로 끝까지 지키도록 가르치며 하나님께 영광을 돌리도록 합니다. 지금까지 종 되었던 이스라엘을 약속의 땅으로 인도하시며 넘치도록 축복하시는 하나님의 파토스가 행복한 땅의 설계도를 그리게 하셨습니다. 그리고 약속의 땅에 대한 소망을 주시는 하나님의 파토스는 미디안을 향하고 계십니다. '거룩한 전쟁' 을 선포하시며 출전하시는 하나님은 만군의 왕이셨습니다.

대제사장 엘르아살의 아들 비느하스의 지휘아래 각 지파마다 1000명씩 12000명이 과거에 하나님의 백성을 속여 죄 짓도록 꾀어낸 미디안을 심판하게 하십니다. 그리고 승리를 안겨 주십니다. 전쟁에 연루된 미디안의 모든 남자와 다섯 왕을 죽이게 하시고, 또한 이스라엘을 넘어뜨린 발람을 심판하고 전리품을 가져오게 하셔서 나누게가나안 전쟁에서의 전리품 분배 원칙모델 하십니다.31장 그리고 군인들은 붉은 암소의 재로 만든 물로 1주일간 정결 의식을 행하게 하였습니다. 하나님은 어떠한 상황에서도 거룩하셔서 당연히 거룩히 여김을 받으셔야 했습니다. 이처럼 하나님의 파토스는 강한 용사가 되시어 이스라엘 가운데 함께 싸우셨으며야웨 닛시-야웨는 나의 깃발 한 사람도 죽지 않도록 초자연적인 보호하심도 잊지 않으셨습니다.

기적적으로 도우신 하나님의 은혜의 손길이 트랜스 요르단요단 동쪽을 얻게 하셨고 르우벤과 갓, 므낫세 반지파의 요구로 분배받은 땅에서 정착하게 됩니다.32:18-19 이로 인해 가나안 전체 전쟁에 대한 승리의 확신으로 이스라엘은 춤추게 되었습니다.

그리고 40년 광야 여정을 잊지 않기 위해 40군데에 진을 쳤다고 기록하며,민33장 지나온 길을 되돌아보는 모세를 통해 반역과 불신앙 중에도 신실하게 인도해주신 하나님의 파토스가 가슴 뜨거워집니다. 지금까지 하나님의 눈물겨운 파토스를 경험한 이스라엘은 이제 약속의 땅에 대한 확신으로 감사가 넘치게 됩니다.

또한 이제 남은 분명한 명령은 가나안 땅에 들어가서는 땅의 거민들을 모두 몰아내는 것입니다. 하나님이 계시는 거룩한 땅으로 그의 백성과 함께 살기를 원하셨기 때문입니다. 모든 산당을 파하고 제비를 뽑아 땅을 취해야 합니다. 특별히 레위의 성읍이 하나님의 임재를 알리며 이스라엘의 열두 지파에 고루 흩어져 있게 하십니다.35:1-5 또한 레위의 도성 중 6개는 도피성을 예비해야 했습니다.35:6 악순환의 살인과 과실치사를 구별하게 하시는 이 같은 조치는 땅의 순결을 유지 하도록 오염을 막으신 것이며 생명을 소중히

여기시는 하나님의 은혜의 실례가 됩니다.[35:6-34]

이렇게 이어진 하나님의 명령과 규례들은 마지막 남은 여러 가지 사소한 문제들을 해결하게 됩니다. 결국 가나안 땅이 하나님의 명령과 규례에 순종하여 말씀대로 살 때 영원히주전 10세기에서 주전 6세기까지 이스라엘의 것이 될 것이라는 확신으로세밀한 경계선 제시 민수기를 마감합니다.

특별히 하나님에 대한 믿음이 큰 슬로브핫의 딸들의 사건으로 하나님께서 분배해 주신 분깃의 보존은 개인과 가정, 그리고 지파가 형통할 수 있는 길이 라는 것을 알게 하십니다. 또한 기본적인 생활까지도 보호 하시는 하나님의 파토스 앞에 전적으로 순종한 슬로브핫의 딸들의 믿음을 보게 하십니다. 이렇게 깨닫게 하시는 실제적인 결론은 하나님의 가르침을 다시 한 번 기억하게 하셨으며 새로운 믿음의 자손이 새로운 희망의 역사를 바라보게 하십니다. 무한한 은혜로 돌보아주시고 패역한 백성들을 사귀어 주시려 오래 참으셨던 하나님의 은혜 때문이었습니다. 지금까지 애달픈 마음으로 함께 행하셨던 하나님의 파토스는 가나안을 품고 전진하는 이스라엘과 여전히 함께 하고 계십니다.

신명기

거듭 강조된 율법을 순종하므로

축복의 설계도를 그리게 하시는 하나님의 파토스

성경, 하나님의 파토스는
성경 66권을 통하여
은혜로 돌보시고
사귀어 주시는
하나님의 완전한
사랑이야기입니다.

신명기

거듭 강조된 율법을 순종하므로
축복의 설계도를 그리게 하시는 하나님의 파토스

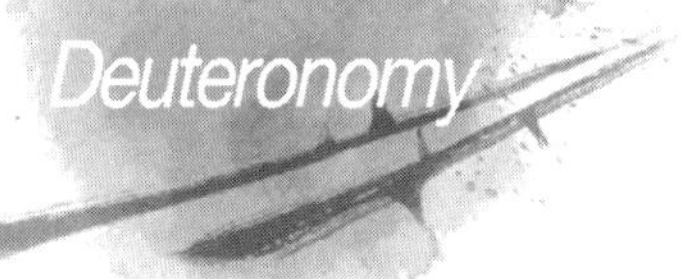

신명기는 하나님의 구속역사를 다시 들려주어 기억하게 하시며 거듭 강조하여 들려주시는 말씀을 가지고 순종을 심고 축복을 거두게 하십니다. 가나안을 향한 희망의 메시지를 듣고 아버지의 사랑에 반응하게 하시는 하나님의 파토스를 기억하며 신명기를 읊조립니다.

숲: 읊조리는 하나님의 파토스

신명기는히-드바림, 헬-듀테로노미온 거듭 강조하여 들려주시는 계명으로 다시 되새기는 하나님의 파토스입니다. 또한 '오경'이 전하는 하나님 이야기를 정리하는 결론이며 뒤를 이어 전하는 역사서의전기예언서 서론이기도 합니다. 이스라엘은 반드시 이렇게 살아야 한다는 하나님의 바람의 기준으로 세워졌습니다.

여호수아, 사사기, 사무엘상하, 열왕기상하는 '신명기적 역사서'라 할 정도로 하나님의 뜻을 펼쳐 가시는데 기준이 되는 백성을 위한 율법의토라 절정이 됩니다. 동시에 거듭 말씀하시며 다시 되새기게 하시는 신명기는 신앙의 기준이축복의 설계도 되어 역사서를 바라볼 수 있는 문학적 연결고리가 되어 줍니다. 설교 형식으로 기록한 신명기의 가르침을 기준 삼아서 이스라엘의 역사가 평가 되었기 때문입니다. 뿐만 아니라 에스라는 포로후기의주전 6세기후반-5세기 생존을 위한 지침서로느8:1 모세의 토라를율법 역동적으로 되살리기도유대주의 운동 하였습니다. 가나안 땅에서의 왕국시대가 실패로 끝난 이유가 말씀에의 불순종이었음을 깨달았던 것입니다. 오직 말씀을 통해서만 회복이 가능하며 다시 살 수 있는 길이 있음을 알았던 것처럼 선포된 율법인 신명기 안에는 모세의 세 번의 설교를모세가 전하는 최초의 예언적인 책 통해 전하는 하나님의 말씀이 있습니다.

하나님께서 주신 은혜의 율법을 정확히 설명하려는 처음 의도에서 발전하여 출애굽 세대와 달리 과거 시내산의 준비를 거치지 못한 광야 세대를 훈련하고 계십니다. 시내산에서 맺은 언약의 백성이기 때문에 시내산의 완벽한 율법을 지켜 자발적으로 순종하도록 설득 하는데 목적을 두고 있습니다.

과거 이스라엘 조상들의 언약의 말씀이 아닌, 현재의 이스라엘과 세우신 하나님의 언약이라는 것을 재해석하여 다시 강조합니다. 시내산에서 하나님의 율법을 받았던 구세대가 자신들의 죄악으로 언약의 주인공이 되지 못하였으나 신세대가 약속의 땅을 받게 되는 새로운 주인공으로 권면 받게 될 것입니다.

그렇기에 지금까지 이스라엘을 향하여 행하신 하나님을 다시 듣게retelling 하시며, 과거를 기억하므로 현재의 이스라엘이 하나님과 어떻게사랑=충성(loyalty) 살아야 하는지를 다짐하게 하는 말씀입니다.

농경문화로 인해 물과 비를 지배하는 바알 숭배의 가나안 땅을 정복해야 하는 임박한 상황에 맞추어 율법을 자세히 풀어주고 있습니다. 이스라엘이 따라가야 할 삶의 길을 해석해 주며, 율법이 원하는 바를 권면하고 순종하도록 요구하십니다. 언약을 갱신하시면서 충실한 언약적인 삶을 원하시는 것입니다. 특별히 유일신 신앙을 강조하시고 예배장소를 중앙 성소로혼합종교 방지 두심은 순수한 신앙을 위한 것이었습니다. 어떠한 환경에서도 창조하시고 섭리하시는 유일하신 하나님의 파토스를 잊지 않는 것이 백성의 제일 되는 계명이 되길 원하시며 사회적 약자를 위한 배려도 잊지 않으십니다. 사랑과 정의의 공동체를 세우고자 하시는 것입니다.

지금까지 보이신 기적적인만나와 메추라기 능력이나 가시적인구름 기둥, 불기둥-하나님의 현현 역사가 아닌 오직 말씀의 순종함으로 이스라엘의 삶의 길을 비추는 등대가 되게 하십니다. 율법을 준수하므로 거룩한 공동체가 되어 약속의 땅에서 형통하기를 절박하게 원하고 있는 것입니다.

그러나 하나님의 호의가 보장된 율법의 준수와 형통이 같이 갈 수 없었던 이스라엘이 은혜의 율법으로 형통함을 깨닫는데 40년의 세월을 보내야 했습니다. 축복의 길을 여시고 그 길을 인도하시는 하나님의 마음 또한 깨닫지 못했습니다. 이스라엘을 기뻐하셨던 하나님의 마음은 찢어 놓는 반역 속에서도 하나님은 땅과 함께 그 땅에서 언약을 누릴 수 있는 방법까지도 허락해 주셨습니다. 눈물로 그 길을 닦고 계시는 하나님의 사랑이 우리의 마음을 움직이게 하십니다.

구름기둥과 불기둥으로 함께 하시며, 눈으로 보고 느끼는 체험으로 자신을 나타내신 하나님께서는 신명기에 들어가서 말씀하시는 하나님으로 우리를 찾아오십니다.

'율법' 할라크-걷기이라는 뜻에서 알 수 있듯이 말씀대로 걷고, 지켜 순종하며, 행하는 것이 하나님의 은혜를 체험한 백성의 모습인 것입니다. 모든 것이 이스라엘의 의로움 때문이 아닌 오직 하나님의 일방적인 은혜였음을 기억하게 하십니다.

명령과 규례와 법도의 말씀에 순종함으로 생명을 얻고 복을 받도록 인도하시는 하나님의 파토스는 한 없이 자비하셨습니다. 이스라엘의 거역 속에서도 뜻을 이루시는 하나님의 파토스는 위대하셨습니다. 그러므로 하나님의 백성들은 이제 *"너는 마음을 다하고 성품을 다하고 힘을 다하여 네 하나님 여호와를 사랑하라"*는신6:5 대 명령에 순종하는 삶을 살아야 합니다.

은혜 가운데 돌보시고 만나주시는 하나님의 사랑 안에서 말씀을 심고, 축복을 거둘 이스라엘은 이제 새로운 소망으로 가득합니다.

나무: 생생하게 다가오는 하나님의 파토스

1. 이스라엘을 위해 행하신 일들을 돌아보아 기억하게 하시는 하나님의 파토스(1:1-4:43)

*"오직 너는 스스로 삼가며 네 마음을 힘써 **지키라** 두렵건대*
*네가 그 목도한 일을 **잊어버릴까** 하노라 두렵건대*
네 생존하는 날 동안에 그 일들이 네 마음에서 떠날까 하노라
너는 그 일들을 네 아들들과 네 손자들에게 알게 하라"(4:9)

약속의 땅이 바라보이는 요단강을 앞에 두고 모세는 모압 광야에서 모든 이스라엘에게 설교를 시작합니다. 순종과 불순종의 경계선에 서서 무엇을 선택할 것인지 결정해야 할 중요한 장소에 왔습니다. 새로운 2세들에게 지나온 광야 40년을 회고합니다. 호렙산에서 시작하여 모압 평지에 이르도록 하나님께서 이스라엘을 위해 하신 일을 되짚어 봅니다. 앞서 행하셨던 하나님의 신실하심과 그 사랑에 답하지 못한 이스라엘의 불순종한 패역함을 말해주고 있는 것입니다. 그리고 그렇게나 꿈꾸어 왔던 가나안의 삶이 현실이 되도록 다시 한 번 율법을 거듭 강조하게 됩니다.

지금까지 변함 없으셨던 하나님의 자비하심을 설명하며 이제부터 제시하는 삶은 어떻게 하나님과 함께 사느냐에 있음을 강조합니다. 이스라엘의 과거는 시내산을 출발하여 언약의 마지막 성취를 눈앞에 두고 있었지만 땅을 차지하라는 하나님의 명령을 불순종하였습니다.

말씀에 순종하기보다 눈앞에 보이는 대적을 두려워하며 가나안을 정탐하였고[1:22] 하나님과 함께 하기를 거부한 악한 정탐꾼과 하나님을 원망하며 대적한 백성들이 죽게 됩니다. 결국 승리로 장식해야 할 가데스바네아는 불순종의 피로 물들게 됩니다. 이처럼 완악한 백성들을 짊어지기 힘들어하는 모세의 불평 중에서도 하나님은 스스로 그들의 아버지이기를 고집하시었고 끝까지 이스라엘을 포기하지 않으셨습니다. 또한 하나님의 파토스 안에 은혜를 누리며 순종한 믿음의 사람, 여호수아와 갈렙에게는 하나님의 약속을 주셨습니다.[1:35]

그러나 계속되는 백성의 불순종으로 인해 발길을 돌려야 했으며[1:40] 그 결과 38년이나 세일산 근처를 유랑하는 참담함을 맛보았습니다. 싸우지도 못하고 져버린 무능하고 어리석은 이스라엘이었습니다. 온 천하가 벌벌 떠는 만군의 하나님의 등에 업히고도 다른 구원을 바라보았던 목이 곧은 백성이었습니다. 무엇보다도 이스라엘을 낳아 주신 하나님 아버지를 거역하였던 무리들이었습니다. 감히 그분의 자녀라고도 말할 수 없는 패륜아였습니다. 그런데 하나님은 실패한 이스라엘 가운데 함께 계셨습니다. 그래서 부족함이 없게 하셨습니다. 생명이 없는 광야에서 생명으로 인도하시며 지켜주셨습니다. 그리고 다시 자신의 때를 기다리신 하나님께서는 이스라엘을 일으켜 세우셨고 약속의 땅을 향해 진군하게 하셨습니다.

롯의 후손인 모압과 암몬을, 에서의 후손인 에돔을 기억하시어 형제의 나라와 충돌을 피하도록 하시며 그 땅을 범하지 않게 하셨습니다.[2:4-19] 이스라엘의 친척에게도 허락하신 땅을 장자인 이스라엘도 받게 되리라는 당연한 확신을 갖게 하셨습니다. 그리고 하나님의 특별한 보살핌 속에서 가나안으로 진군하며 가는 곳마다 대적들이 두려워 떨도록 하셨습니다.[2:25]

성읍이 60개며 높은 성벽과 견고한 문과 빗장을 자랑하였고 장대한 거인이었던 바산왕 옥도 무너뜨리신 하나님의 전쟁은[3:2-6] 이스라엘로 하여금 용기를 주셨습니다. 또한 아모리왕 시혼과 옥의 땅을 르우벤과 므낫세에게 주시며 일부 정착하게 한 사건은 다른 지파들 역시 곧 땅을 차지하게 될 것이라는 희망의 모델이 되었습니다.[3:18-20]

하나님은 안과 밖으로 약속하신 땅을 주시기에 열심을 다하셨습니다. 밖으로는 친히 용사가 되셔서 이스라엘의 대적들을 물리치셨으며[3:22] 승리로 자신의 백성을 지키셨습니다. 전쟁에 능한 손과 편 팔로 이스라엘과 함께 하시어 가나안의 강대한 열국을 내쫓으셨습니다.

또한 안으로는 연약한 이스라엘이 가나안의 타락한 죄를 답습하지 않도록 가나안 족속을 모두 진멸하게 하셨습니다. 자신의 백성을 향하신 하나님의 파토스는 항상 이스라엘과 함께 하셨으며 동시에 이스라엘에 앞서 행하셨는데 정작 그 은혜를 누리는 이스라엘은 불순종으로 하나님을 대적하기를 일삼았습니다. 그렇기에 무엇보다도 하나님의 법도에 순종하도록 요구하셨고 꿈에 그리던 가나안을 바라보기만 해야 하는 모세는 희망의 세대인 이스라엘에게 부모들의 죄를 답습하지 않도록 간절하게 설교합니다.

먼저 하나님의 말씀을 가감하지 말고, 삶 깊은 곳에까지 철저히 지켜지도록 요구하며 자녀들과 손자에게 까지도 알게 하여 지키게 하였습니다.[4:9-10]

지금까지 본 일들을 대를 이어 알게 하시며 하나님과의 언약을 충실히 지키도록 격려합니다. 동시에 가나안의 평안함속에서 하나님을 버리고 우상을 섬기면 열국으로 흩어질 수 있음을 엄중히 경고합니다.4:25-31

하나님을 잊고 그 마음에 하나님을 떠나기를 너무나 쉽게 행하였던 이스라엘의 과거를 돌아보며 불순종을 걱정하는 모세는 두려움을 감추지 못합니다. 모세에게도 이스라엘에게도 상천하지에 위대하시고 자비하신 하나님께서 언제나 신실하셨기 때문에4:39-40 과거의 패역이 또 머리를 들게 될까 두려웠습니다. 그래서 가나안이 바라다 보이는 이 자리에 다시 있기까지 모든 것이 이스라엘의 의로움 때문이 아닌 오직 하나님의 은혜의 돌봄과 사귐의 행하심 때문이었음을 기억하게 했습니다.

아버지가 자녀를 훈육함 같이 교육하시는 하나님께서는 더욱 구체적인 순종을 요구하시며 가나안의 새로운 주인이 될 이스라엘을 기대하고 계십니다. 그리고 정의와 긍휼의 하나님께서는 도피성을 만들어 두시며 무분별한 피 흘림을 막으시고 하나님의 사람으로 생명을 보호받게 해 주십니다.

2. 과거를 듣고 현재를 순종하도록 이스라엘의 신앙을 이끄시는 하나님의 파토스(4:44-11:32)

"모세가 온 이스라엘을 불러 그들에게 이르되
이스라엘아 오늘 내가 너희의 귀에 말하는 규례와 법도를
듣고 그것을 ***배우며*** *지켜* ***행하라****"*(5:1)

시내산에서 받은 언약을 새로운 세대에게 가르치는 모세의 두 번째 설교가 시작되었습니다. 시내산에서 세우신 그 언약의 말씀 속에는 하나님과 그 백성들 사이에 특별한 관계가 두드러집니다. 자칫 무거운 멍에로 잘못 인식 될 수 있으나 율법은 분명히 하나님의 사랑과 보호의 울타리입니다.

하나님의 성품을 이해하며 하나님께 나아갈 방법을 배울 수 있습니다. 규례와 법도를 통하여 이스라엘이 걸어가야 할 길을 제시받게 됩니다. 이렇게 하여 하나님의 의로운 통치가 모든 백성에게 미치도록 하셨습니다.

율법의 요약인 십계명을 주시며 말씀을 새기고 잘 순종하여 각자의 삶 속에서도 하나님을 사랑하도록 강권하십니다. 40년이 지나서 다시 듣는귀의 종교-가나안(눈의 종교) 십계명은 하나님과 이스라엘 사이에 맺은 언약의 증표로 새로운 세대의 헌신을 요구하는 모세의 목적 속에서 쓰여 졌습니다. 이 세대가 직접 호렙산에 서 있는 것과 같은 엄숙함으로 강력히 권고하십니다. 종 되었던 이스라엘을 구원하신 하나님이심을 기억하게 하시며, 구원의 수단으로서가 아닌,출20:20 이미 구원받은 은혜의 백성으로 부름에 합당한 삶을 살아가도록 이끄시는 것입니다. 이에 하나님께서는 이스라엘의 순종을 기대하십니다.

그리고 하나님이 보장하시는 축복과 생명의 십계명을5:6-22 전합니다.

1계명-신앙의 대원칙인 유일하신 야웨 하나님만을 섬기기를 명하십니다.5:7 모든 삶의 중심에 계신 하나님을 인정하는 것입니다.

2계명-어떤 형상으로든지 하나님을 표현하지 않게 하십니다.5:8-10 순종하여 축복을 받으면 천대까지 베풀어 주시지만 불순종으로 인한 진노는 3대로 제약하십니다. 진노는 잠시 뿐이지만 하나님의 은혜는 영원할 것임을 약속하시는 하나님의 파토스가 담겨 있습니다.

3계명-하나님을 망령되이 일컫지 말라고 하십니다.5:11 개인적인 목적이나 이익을 위해서 오용하지 말며 하나님의 이름에 합당한 삶을 살도록 권면하십니다.

4계명-안식일을 기억하여 거룩히 지키길 명하십니다.5:12-15 출애굽을 기원으로 안식일을 지키게 하셨으며 신명기의 목표가 되기도 합니다. 적극적인 명령으로 안식일을 구별하여 지키게 하십니다. 모든 종과 나그네, 가축을 포함하여 하나님의 백성 된 정체성을 확립하게 하시려는 하나님의 거룩하신 뜻이 있습니다.

5계명-부모를 공경하게 하십니다.5:16 부모의 권위를 인정하고 보호한다면 축복의 약속이 첨부됩니다. 하나님께서 주신 땅에서 잘되고 장수함을 주십니다.

그리고 6계명부터는5:17-21 '살인 금지', '간음 금지', '도둑질 금지', 거짓증언 금지', '탐내기 금지' 등 '금지'라는 단어를 제시하여 계명을 기억하여 지키도록 도와주게 됩니다.

6계명-살인을 금하십니다.5:17 생명은 하나님께 속해 있음을 알게 하시며 불법적인 폭력으로부터 공동체의 삶을 보호하시고 생명을 존중하게 하십니다.

7계명-간음을 금하십니다.5:18 하나님께서 세우신 거룩한 결혼

제도에 위배되며 사회를 자극하여 부도덕을 일삼게 되므로 하나님의 진로를 사는 범죄 행위로 규정하고 있는 것입니다.

8계명-도둑질을 금하십니다.5:19 각자의 재산권을 인정하시며 서로의 존엄성을 해하는 모든 행위를 금하는 포괄적인 내용을 담고 있습니다.

9계명-이웃에 대해 거짓 증거를 금하십니다.5:20 진실을 왜곡하거나 거짓으로 인해 질서나 생명이 위협될 수 있음을 알게 하십니다.

10계명-이웃의 집을 탐내지 못하게 하십니다.5:21 마음에 탐욕도 금하시며 마음의 욕심도 견제하게 하십니다. 자족하는 삶을 살게 하십니다. 특별히 신명기의 계명에서는 아내는 집안의 재산이 아님을 강조하며 아내의 인격을 회복하십니다.

신명기 언약의 주된 내용은 일반 규정과원리들 구체적인 규정특별상황으로 나눌 수 있습니다. 일반적인 규정은 1, 2계명을 설명하며 구체적인 규정들은 3-10계명의 취지와 적용을 확대 해석해 줍니다. 결국 명령과 규례와 법도를 주신 목적을 말씀하십니다.5:31-33 이스라엘의 평생에 하나님을 경외하여 순종으로 오랫동안 하나님의 복을 누리고 살게 하기 위함입니다.

이스라엘의 지난 일들을 되돌아보니 가나안의 안정된 삶 속에서 하나님의 계명을 잊고 우상 숭배할 것이 분명해 보이기 때문에 모세는 간절히 호소합니다. 지금까지 인도하신 하나님을 잊지 말고 교만하지 말라고 하십니다. 지금부터 들어갈 가나안은 그들의 의로움에 대한 보상이 아닌 하나님의 은혜이기 때문입니다. 어떠한 노력에도 심지어 인간의 완전함에도 근거를 두지 않는 오직 일방적인 은혜이기에 하나님의 파토스로 사는 그 백성들은 하나님께 모든 영광을 돌려야 합니다. 오직 하나님만 한 분만 경외해야 합니다.

늘 신실하셨던 하나님을 시험하였던 이스라엘이 유일신 신앙을 간결하게 요약한 하나님의 말씀을 듣고6:16-17 이제는 마음을 다하고 성품을 다하고 힘을 다하여6:4-9 하나님을 사랑하기를 원하고 계십니다. 하나님의 사랑을 구체적으로 포함하여 헌신과 충성으로 책임 있게 돌보신 하나님의 사랑에 응답하기를 바라시는 것입니다. 하나님께서 명령하신 규례를 지키는 것이 진정한 우리의 의로움이 될 것이라는 도전을 주고 계십니다.6:25 이때부터 이스라엘은 쉐마 기도문을 읽으며 하나님의 사랑을 시각화하여 손목과 미간, 문설주와 바깥문에 기록하여 기억하였습니다. 하나님의 말씀을 순종하여 사랑하기 위한 실제적인 교육이 되었습니다.

그리고 가나안에 들어가 직면할 혼합 종교의 우상에 대해 경고하십니다. 가나안 7족속을헷, 기르가스, 아모리, 가나안, 브리스, 히위, 여부스 진멸하되 그들의 악함을 심판하시는 목적대로 우상을 불사르게 하시고 혼합을 철저히 배척하도록 하십니다. 전염병처럼 빠르게 번지는 죄의 속성이 하나님의 백성을 패망하게 할 것을 아시고 경고하신 것입니다. 가나안의 타락한 문화 속에서 하나님의 백성을 보호하시기 위함입니다.

주신 법도와 규례를 지켜 행하여 하나님을 사랑하면 풍성한 축복을 선물로 주십니다. 자손의 번창이나 토지소산의 풍성함, 가축

번식과 만민 중에 뛰어난 민족으로 질병의 재앙도 받지 않게 될 것을 약속하십니다. 이렇게 많은 축복은 이스라엘을 기복신앙으로 유도하심이 아니라, 가나안 정착시에 필요에 의해 가나안 우상을 받아들일 것을 염려 하셨기 때문입니다. 우상에 현혹되지 말고 이 모든 것의 원래 주권자이신 하나님만 섬기면 자동적으로 주시는 은혜임을 구체적으로 설명하신 것입니다.

은혜로 돌보시고 사귀어 주시는 하나님의 손길이 연약한 이스라엘의 앞일을 내다보시고 거룩한 전쟁을 선포 하십니다. 이렇게까지 눈높이를 맞추어 말씀하시고 그 사랑의 파토스를 한없이 쏟아 부으셨는데도 이스라엘은 풍요와 번영에 젖어서 가나안과 타협하여 소리 없이 우상을 숭배하는 죄를 범하게 됩니다. 가나안에 동화되어 성창 제도에[신23:17] 넘어갔으며, 어린아이를 제물로[18:9-10] 바치고, 근친 상간을[레18장] 일삼게 됩니다. 물론 후에 갑자기 생긴 악한 모습이 아닙니다. 그것은 연약한 이스라엘의 원래 모습이기도 했습니다. 그래도 언약하신 약속의 땅은 이스라엘의 손에 점점 가까워져 갑니다. 이 언약이 성취되기까지 아무 조건 없이 이스라엘을 기뻐하신 하나님의 파토스가 있었습니다.

이스라엘의 수가 많아서도 선한 무엇인가가 있어서도 아닌 전적인 하나님의 특별한 사랑에 의한 것이기에[7:7-11] 그들의 기억 속에는 하나님만 남아 있어야 합니다.[8:18] 지금까지 함께 하셨던 하나님의 파토스는 강한 손이었으며 편 팔 이셨습니다.

오늘날 이스라엘의 대적들에게는 크고 두려운 하나님으로 이스라엘 가운데 거하시며 그들의 편이 되어 주십니다.[7:17-21] 두려워

할 것이 없음을 격려하는 모세는 지금까지 함께 하신 하나님의 파토스를 설교하는데 조금도 주저함이 없습니다.

죄악이 넘치는 가나안의 악행과 열조에게 하신 약속으로 인해 가나안을 받게 된 이스라엘은 그야말로 축복의 나라였습니다. 거룩한 나라였으며 제사장의 나라였습니다. 이 모든 것이 하나님의 파토스가 이스라엘의 힘이었기 때문입니다.

가나안을 단번에 주지 않으심도 넓은 땅에 사람이 살지 않음으로 짐승이 번성하고 황폐화 될 것을 아셨기 때문입니다. 이스라엘에게 여러 가지로 해가 될 것을[7:22-23] 미리 막으셨던 하나님의 돌보심은 감히 우리가 상상 할 수도 없을 정도였습니다. 이렇게 넘치는 은혜로 살게 하시는 하나님의 파토스는 가나안 정복의 실패를 맛본 과거 이스라엘을 준비시키셨습니다. 그리고 오늘 약속의 가나안을 바라보며 성취를 눈앞에 두고 있습니다.

그 동안 기적을 통해 먹이시고 입히셨으며 광야에서 모든 것이 가능하게 하셨던 하나님의 파토스는 이제 모든 것을 얻게 되는 이 순간에도 변함이 없으십니다. 다만 이스라엘이 하나님을 잊을까 걱정하는 모세는 반역했던 과거의 모습 속에서 현재 이스라엘이 나아갈 바를 호소하는 것입니다. 과거 하나님의 명성에 호소하여 죄 지은 이스라엘을 중재 하였던 것처럼 하나님의 자비하심을 힘입어 순종의 백성이 되길 요구하고 있습니다.

모세가 알던 그때부터 늘 하나님을 거역했던 이스라엘의 완악함을 누구보다도 잘 알기에[9:24] 걱정이 멈추질 않았습니다. 지금까지는 하나님의 용서와 은혜의 파토스로 인해, 그리고 모세의 중재로 이스라엘의 죄를 극복할 수 있었기 때문입니다.

강한 손과 펴신 팔로 애굽에서 가나안까지 인도해도 끊임없이 반역하는 이스라엘을 그래도 사랑하시는 창조주 하나님의 은혜 앞에 마음의 할례를 행하여 목을 곧게 하지 말기를 권면합니다.[10:16] 이스라엘을 선택하시고 사랑하신 창조주 하나님을 경외하고 사랑하며 하나님이 주신 규례와 법도를 행하게 하십니다. 광야생활을 기억하여 오직 하나님만 섬기며 친근히 해야 함을 말합니다. 가나안에서도 이스라엘의 힘의 원천이 되시는 하나님만 섬겨야 합니다. 이른 비와 늦은 비를 허락하시는 하나님만 의지해야 하는 것입니다. 하나님의 목소리에 청종하며 그 말씀을 지키는 것이 오직 한 길 우리의 선택임을 천명합니다.

이렇게 과거를 듣고 현재를 순종하는 자녀들에게 축복은 당연한 것입니다. 순종하지 않았기 때문에 믿음 없음을 여지없이 보여준 이스라엘에게 순종하는에발산과 그리심산, 저주와 축복의 예식 믿음의 백성들이 되길 권면하십니다. 저주와 축복의 갈림길에서 하나님만 의지하기를 바라시며 풍성한 축복을 나열하시는 하나님의 파토스는 우리의 가슴을 참회의 눈물로 뜨겁게 하십니다.

3. 법전의 틀 속에서 실제적인 삶을 제시해 주시는 하나님의 파토스(12:1-26:19)

"야웨께서도 네게 말씀하신 대로 오늘 너를
그의 ***보배로운 백성****이 되게 하시고 그의 모든 명령을 지키라*

확언하셨느니라"(26:18)

모세는 두 번째 설교를 계속이어 가며 하나님께서 친히 주신 십계명을 따르기 위해 이스라엘이 약속의 땅에서 지켜야 할 구체적인 법규들을 제공합니다. 앞서 출애굽기와 레위기에서도 다루지만 특별히 약속의 땅을 염두에 두고 이스라엘의 실제 삶을 위한 표준을 제시해 주시는 것입니다 매우 구체적이며 상세한 삶으로의 적용은 은혜로 채우실 하나님의 파토스를 드러내십니다. 이렇게 자상하신 하나님의 아버지 되심이 신명기 법전의Deuteronomic Code 특징이기도 합니다.

먼저 **제 1계명**을12:2-28 지키기 위해 하나님께 예배하는 장소를 지시해 주십니다. 이방 민족이 섬기던 방식이원주민들의 영향-변질 아니라 하나님께서 원하시는신앙의 순수성 대로 준비되게 하십니다. 가나안의 원주민들의 영향을 받아 변질되어 신앙의 순수성을 잃게 될 것을 막기 위함이셨습니다. 가나안 속에 팽배한 다신교의 우상과 신전을 타파하고 "하나님께서 택하신 곳" 에서 예배하게 하십니다. 하나님 외에는 다른 신이 없음을 고백하고 하나님께 예배하는 삶을 간절히 원하고 계십니다.

또한 예배하는 곳에서 멀리 떨어진 곳에 사는 이들을 위해 희생제물을 드리지 않고도 피를 제외하고 동물을 죽일 수 있게 허락하십니다. 이스라엘이 고기를 먹기 위해 가나안 신전을 이용할 수도 있기 때문에 종교적 변질에 대한 예방이었습니다. 아주 작은 불평만 있어도 하나님을 쉽게 던져 버리는 이스라엘의 배신을 아시는 하나님의 은혜의 처방이셨습니다. 이렇게 하나님께서 정해 주신 곳에서 제물을 드리고 하나님 앞에서 먹고 나누며 즐거워하는 것으로 진정한 예배를 드리게 하십니다.

제 2계명을12:29-13:18 지키기 위한 가르침은 거침없이 확대 되어 갑니다. 여전히 남아 있을 배교의 위협 앞에서 우상 숭배를 금하는 삶속에서 구체적인 지침을 내리십니다. 진리 안에 거하지 않고 다른 우상 신들을 섬기도록 부추길 수 있는 거짓 선지자들과 유혹자들을 자세히 묻고 살펴보아 가려내어 제거하게 하셨습니다. 하나님의 백성으로 살아 갈 때에 끝까지 양보해서는 안 되는 신앙의 선을 분명히 말씀하십니다. 다양한 형태의 신앙적 타협에 굴복하지 말고 믿음의 뼈대를 지키도록 강권하십니다. 가나안 역시 하나님이 거하시는 하나님의 땅이기 때문에 부정을 용납하지 않으시고 거룩해지길 원하시는 것입니다.

제 3계명을14:1-21 지키므로 하나님의 정결하고 거룩한 백성을 실현하고자 하십니다. 가나안의 풍습을 금지 하셨고, 죽은 자에 대한 예배를 금지하셨고, 정한 음식과 부정한 음식의 구별을 두었으며 하나님께 드리는 제물과 헌물을 통해 하나님을 영화롭게 할 것을 가르치셨습니다.14:1-21 '하나님의 이름' 을 위하여 사는 삶은 이렇게 구체적이었습니다.

다른 열방과는 달리 이스라엘은 하나님의 선택된 민족이었기 때문에 매일의 삶 속에서 무엇을 하든지, 음식을 준비하는 순간까지도 하나님의 뜻을 묻고 하나님을 기쁘시게 해야 했습니다. 음식을 섞어 먹지 않음으로 경성하여 삶 속에서 이방의 우상들과 하나님을 함께 섬기지 않도록 제시하셨습니다. 말씀 안에서 정결하고 거룩하도록 은혜주신 하나님의 파토스는 삶과 축복의 영역 안에서 이스라엘을 든든히 보호하십니다.

제 4계명14:22-16:17 역시 개인의 영적인 차원에서 그치는 것이 아닌 공동체의 모든 영역으로 확장되어 사회 정의를 구현하는 제도의 차원으로 해설되고 있습니다.

하나님을 경외하는 표현으로 드리는 십일조를 시작으로 참된 안식에 이르기까지를 말씀하십니다. 하나님이 주인 되심을 고백하여 드리는 십일조를 돈으로 가져 올 수 있도록 하시고 3년마다 드리는 십일조 중, 두 번째 십일조는 레위인과 가난한 자들을 돌보는데 쓰여 지도록 하셨습니다. 어느 계명이든지 사회적 약자를 위한 보장 제도를 세우심을 잊지 않으시는 하나님의 배려이셨습니다. 매 칠년이 되는 안식년에는 면제년으로 삼아 빚을 면제해 주고15:1-11 종을 해방시켜주되15:12-18 하나님의 후하심처럼 후히 주어 보내라고 하십니다. 하나님은 이스라엘에게도 하나님의 자비가 넘쳐흐르길 원하셨습니다.

또한 만물을 드리게 하셨고 1년에 3번 모든 남자와 여자가 성소에 올라가 국가적인 절기를 지키게 하셨습니다.

애굽에서 구원하신 날을 유월절로 지키고, 칠칠절을 지켜 하나님이 내려주신 복을 기억하게 하셨습니다. 광야유랑을 장막절을 통해 상기시키셨습니다. 매주 안식일마다,5:12-15 삼년마다,14:28-29 칠년 마다,면제년, 안식년15:1-18 그리고 이제는 해마다14:22-27, 15:19-23 점점 확대해 가시며 기억하여 하나님께로 나오길 기대하십니다. 그리고 구원의 감격을 기뻐하며 풍성한 수확을 감사하고 빈부가 함께 즐기게 하십니다. 하나님의 파토스 안에서 우리의 마음과 손을 열도록 권고하십니다. 이 날은 안식을 주신 하나님의 뜻을 기억하는 장치가 됩니다. 하나님께서 이스라엘에게 무엇을 베푸셨는지를 헤아리는 은혜의 날 입니다. 동시에 하나님의 성품이 이스라엘을 통해 반영 되어지는 축복의 날이 됩니다.

제 5계명은16:18-18:22 부모와 함께 하나님의 뜻이 실현되도록 이스라엘을 올바르게 이끌 지도자들까지 포함하고 계십니다. 넘어질 수 있는 연약한 인간이므로 그 권력을 제한하며, 정의롭고 공의로운 재판장을 세우십니다. 왕을 원할 경우 군사력을 의지하지 말고, 하나님만 의지하는 자를 세우도록 권면하십니다. 재물과 아내를 많이 갖지 않으며, 말씀을 등사하여 날마다 읽어야 한다고 가르치십니다. 그리고 레위인을 제사장이 될 자격자로 놓으시며, 또한 이스라엘 백성이 제사장을 명예롭게 보살펴 주어야 함을 가르칩니다. 또한 하나님 말씀에 비추어서 진리로 이스라엘 백성의 모습을 진단하며, 가난하고 약한 자를 위한 예언자도 준비시키십니다.

연약한 이스라엘을 위한 하나님의 파토스는 그때그때 마다 필요한 선지자들을 보내셔서 그 뜻을 전하시겠다는 말씀이었습니다. 홀로 내버려 두지 않으시고 챙겨주시는 하나님의 손길은 이스라엘에 안 미친 곳이 없었습니다.

제 6계명의[21:10-22:30] 적극적인 해석은 생명을 주신 하나님께 있습니다. 그것을 인정한다면 개인뿐이 아닌 사회도 혼란케 되는 살인을 막을 수 있을 것입니다. 민수기의[민35장] 도피성은 고의와 그릇 살인한 자를 구분하는데 치우쳤다고 한다면 신명기의 도피성은 이유를 막론하고 최대한 사람의 피를 최소화하는데 관심이 있습니다. 개인의 침해할 수 없는 영역을 인정함과 동시에 침해당했을 때 개인적인 복수를 막으시는 하나님의 파토스입니다.

또한 땅이 줄어들어 생존 능력이 감소 할 수 있는 지계표를 옮기는 행위를 엄격히 막으십니다. 자칫하면 다른 사람을 잘못 고소하여 누명을 씌울 수 있는 모든 범위를 좁히시며 전쟁과[가장 크게 생명을 잃게함] 가정을 파괴하는[21:15-17] 행위들을 금하십니다. 환경을 파괴하며 창조 세계를 훼손하는 것 또한 살인의 유형으로 간주하십니다. 이렇게 상세한 사례를 들어[21:22-22:8] 설명하는 이유 역시 생명을[동식물도 포함] 보호하시는 하나님의 사랑 때문입니다.

제 7계명을[21:10-22:30] 통해 보존 되어야 할 경계 질서에 대해 폭넓게 타이르고 계십니다. 성과 함께 정신적 혼합은 오염을 가져옵니다. 두 종자를 섞어 심거나 양털과 베실로 섞어 짠 옷을 입는 것을 금하는 것으로 비정상적인 것을 용납하지 않으시는 하나님의 의지를 보이시는 것입니다. 이것이 하나님의 사람들과 이방인을 구별해주는 역할을 하였습니다. 그래서 하나님은 남녀의 부당한 성적 관계와 이스라엘과 이방인이 부당하게 섞이는 것과 거룩한 진영이 부정으로 혼합되는 것을 금하셨습니다.

제 8계명을[23:19-24:7] 토대로 다양한 문제를 적용시키며 부와 재산에 대해 폭넓게 제시하십니다. 보다 구체적으로 이웃의 것이나, 자연의 것을, 그리고 하나님의 것을 가로 채지 말라고 말씀하십니다. 남의 것을 훔치는데 그치지 않고 다른 사람의 자유나 생명을 훔치는 일을 엄격히 금하신 것입니다. 그 문제로 친족의 이자를 받지 말고, 하나님께 한 서원을 갚게 하시며, 사람을 납치하는 자는 사형으로 다스리게 됩니다.

생명과 같은 맷돌을[생필품] 저당 잡지도 말 것을 당부하시며 품삯도 바로 주도록 권면하십니다. 이렇게 각종 규례와 법도에는 이웃에게도 물질적으로 베푸는 삶이 되 길 원하시는 하나님의 파토스가 흐릅니다. 은혜로 돌보시고 사귀어 주시는 손길 속에서 가나안의 정착 생활을 낱낱이 준비하고 있는 것입니다.

제 9계명의[24:8-25:4] 이웃에 대한 거짓 증거 행위는 이웃의 이름이나 명예, 인격 등을 적극적으로 보호하고 더 나아가 사회적인 약자인 고아,[아버지가 없어도] 과부,[상속권이 없어 경제력도 없다] 나그네,[보호영역을 떠난자] 레위인을[땅을 분배받지 않아 경제력이 없음] 사랑하며, 가난한 자와 불쌍한 자에 대해 돌보라는 가르침으로 설명됩니다. 공정한 재판이나 자비의 추수법과 품삯의 규정 등을 말씀하시며 마땅히

누려야 할 사람다운 권리를 법으로 보장받게 하십니다.27:19

제 10계명의25:5-25:19 탐심은 사람의 내면을 다스리는 명령으로 해석되며 오직 베푸는 것으로 극복할 수 있습니다. 하나님께 받은 은혜는 사람뿐 아니라 동물이나 자연에게도 베풀어야 한다는 것을 잊지 않게 하십니다. 몇 가지 인간관계를 위한 규칙의 예외가 있었는데 과부를 보호하기 위한 수혼 제도가 있었습니다. 또한 남편의 보호를 위해 개입한 아내의 불손한 행동도 규제하므로 가계를 보전하도록 가르치십니다. 그리고 공정한 거래를 위해 정직한 저울추를 사용하게 하시어 상도덕의 실현으로 제 10계명을 구체화 시킵니다.

이처럼 하나님의 파토스는 이스라엘에 넘쳐서 가나안을 축복으로 채우실 것입니다. 그리고 주신 축복을 영위할 수 있는 십계명과 그에 따른 규례와 법규를 얼마나 지킬 수 있느냐는 이스라엘의 몫이 되었습니다. 약속의 땅에서 첫 농산물을맏물26:2 준비하여 제일 좋은 것으로 광주리에 담아 성소로 올라가서 신앙을 고백하며 예배하는 모습이 그림 그리듯 펼쳐집니다. 그리고 3년째의 소득의 십일조는 분깃이 없는 레위인과 소외된 사람들과 함께 나누며 즐겁게 화목제로하나님 앞에서 서로 나누며 먹는 잔치 예배하는 축복의 삶을 꿈꾸고 있습니다.

모세는 두 번째 설교를 마무리하며 율법에 전적으로 순종하는 이스라엘을 꿈꿉니다. 하나님은 여전히 이스라엘을 보배로운 백

성으로 인정하고 계시며 순종할 힘을 주시겠다고 약속하셨고 또 그 약속을 믿기 때문입니다.26:18

수많은 규례와 법도는 이스라엘을 향하신 하나님의 섬세한 파토스로서, 하나님 백성의 구체적인 지침이 되어 주셨습니다. 이제 가나안의 현실과 부딛쳐야 하는 성민 이스라엘에게 매우 중요한 실제적인 삶을 주셨습니다. 전적인 이스라엘의 순종과 책임져 주시는 하나님의 신실하신 약속이 하나님의 목소리를 듣고 다짐하는 이스라엘의 마지막 언약의식이 되었습니다.

4. 축복과 생명 그리고 사망과 화를 앞에 두고 언약에 순종을 기대하시는 하나님의 파토스(26:20-34:12)

"오직 그 말씀이 네게 심히 가까워서 네 입에 있으며 네 ***마음에*** *있은 즉 네가 이를 행할 수 있느니라"*(신30:14)

모세의 세 번째 설교의 내용은 앞서 분류한 두 번째 설교와 전혀 다른 내용이 아닙니다. 이제 들어가는 가나안은 새로운 언약의 땅으로서 하나님의 율법이 시행되어야 하는 하나님 나라의 모형이기 때문에 율법을 지킬 수 있도록 깊이 상고하는 것입니다.

율법을 다 지키겠다는 다짐의 표시로 에발산에 언약의 돌을 세우게 하십니다. 여기서 단을 쌓을 때 철기를 대지 말라고 당부하시는 것도 철을 소유하지 못한 이스라엘이 철을 보유한 이방 나라를 의지하게 될 것을 미리 차단하시려 하신 것입니다.

'돌' 에 새겨진 영원히 각인 될 하나님의 말씀으로 인해 귀로 들었던 하나님의 말씀을 눈으로 볼 수 있게 되었습니다. 또한 우상숭배, 부모를 업신여김, 이웃에게 피해를 끼침, 부적절한 성관계, 살인, 말씀대로 살지 못하고, 삶의 은밀한데서 저질러지는 모든 악행에 대하여 말씀하십니다. 이러한 것들이 이스라엘 공동체가 서로 배격해야 할 것들로 깨닫고 공개적으로 다짐하는 의식도저주 12계명 행해졌습니다.

이어서 율법을 지킨 이스라엘에게 하나님께서 부어 주실 형통한 복을 말씀하십니다. 성읍에서도 들에서도 복을 주시며28:3 자손이 번성하며, 풍부한 농작물과 키우는 짐승까지도 축복이 이어집니다.28:4 또한 먹을 것이 떨어지지 않으며28:5 들어가나 나가나 어디를 가든지 복을 주실 것을 약속하십니다.28:6 지금까지 이스라엘의 대적들은 패하게 하실 것이며28:7 가득한 창고와 함께28:8 하나님의 성민으로 강한 이스라엘이 될 것을 말씀하십니다.28:9-10 하나님의 명령을 부지런히 지키면 모든 축복과 함께 머리가 되게 하실 것입니다.28:11-13

그러나 반대로, 율법의 말씀을 순종하지 않고 하나님을 버리고 우상을 섬기게 된다면 모든 혼란과 견책이 있을 것을 엄중히 말씀하십니다. 모든 것이 축복의 반대 상황이 됩니다. 젖과 꿀이 흐르는 가나안 땅이 놋과 같은 하늘로, 철과 같은 땅으로 굳어지는 저주를 받을 것입니다. 또한 폐병, 열병, 상한,염증성 열병 학질,말라리아 한재,극한가뭄 풍재,먼지 덮임 썩는 재앙28:21-24과 함께 종기, 치질, 괴혈병,악성출혈 개창,가려움 미침, 눈멂, 경심증,놀람 대낮에도 더듬고

항상 압제와 노략을 당할 것입니다.28:27-29

결국 죄로 인해 이방의 침략을 당하며28:47-68 하나님을 섬기지 않으니 원수를 섬기게 될 것이고,28:47-48 멀리서 쳐들어 온 강국으로 인해 입에 담지 못할 슬픈 일들이 생기게 될 것입니다.28:49-57 모든 질병을 당하고 이방으로 흩어짐을 당할 것입니다.28:60-68

길게도 나열된 온갖 저주의 소리는 결국 우리를 하나님의 은혜로 향하게 하십니다. 우리를 설득하여 축복의 사람이 되도록 인도하고자 하는 모세의 마지막 호소가 담긴 것입니다. 이에 이스라엘은 모압 평지에서 하나님의 은혜 언약의 대상자들이었던 장로와 지도자, 남자와 여자와 유아, 객, 종에게 까지 모두 모여 언약을 체결언약갱신 합니다.29:1-9 그래도 신실하지 못한 이스라엘이 언약을 지키지 않고 하나님을 버리면 그 비참함을 직접 맛보게 될 것입니다.

결국 이런 일이 벌어진다 하더라도 이스라엘은 희망을 버려서는 안 됩니다. 지금까지 이스라엘은 율법 아래가 아닌 하나님의 파토스의 은혜 안에서 의로웠기 때문입니다. 출애굽 당시 자기들 스스로는 도저히 헤어 나올 수 없는 참담한 애굽의 종살이에도 구원을 완성하신 하나님의 파토스가 있었습니다. 그리고 자기 백성을 그들의 죄에서 조차 마침내 구원하실희망의 신학 것이기 때문입니다.

하나님은 여러 세대를 걸쳐서 오래 참으심으로 자기 백성에 대한 사랑과언약에의 충실성 보호의 파토스를 아낌없이 베푸셨습니다. 자비로 회개의 길을 열어 놓으신 하나님의 파토스는 돌아오는 자녀를 다시 고향으로 이끌어 주실 것입니다.30:2-3

하나님을 찾을 때 하나님의 긍휼을 얻을 것입니다. 그 백성들을 다시 모으시며 조상들보다도 번성할 것이고, 은혜 주셔서 원수의 패망도 볼 것입니다. 이스라엘이 그전 같지 않고 하나님을 순종 하여 하나님의 기뻐하심으로 풍성한 복을 받을 것입니다.30:3-10

여기서 분명한 것은 하나님이 명하시는 규례와 법도는 어려운 것도 또 그리 먼 것도 아니라는 것입니다. 어리석은 핑계를 될 수도 없습니다. 결코 불가능한 요구도 아니며, 물론 그 명령을 지키기 위해 하늘에 올라갈 필요도 바다를 건널 필요도 없습니다. 우리와 심히 가까이 있어 능히 이를 행할 수 있다는 하나님의 파토스가 있습니다.30:12-14

율법 책을 법궤 곁에 보관하여 백성들을 가르치게 하셨고31:9-13 타락을 예언한 노래를 써서 가르치게 하십니다.32:14-22 하나님에 대한 신앙이 타락하더라도 이 노래가 이스라엘의 입에 남아 회개의 증인 역할을 할 것이기 때문입니다.31:19 축복과 생명, 그리고 사망과 화를 앞에 둔 선택의 기로에서 하나님은 이스라엘을 축복의 길로 강권하십니다.30:15-16 생명의 땅에서 하나님의 은혜로 그 날이 계속 되길 바라고 계십니다.

옛 일을 회상하며 하나님의 파토스를 생각하게 하십니다. 가장 높으신 하나님께서 나라들에게 땅을 주시고 인류를 나누셨으며 백성의 경계와 수를 알고 계시는데 이스라엘을 자기의 백성 삼으셨음을 고백합니다.

황폐한 광야에서 이스라엘을 감싸 주고 돌보셨으며 자신의 눈동자처럼 지켜주셨습니다. 독수리가 둥지 위를 날며 새끼들 위에서 퍼덕이듯이, 그 날개를 펴서 위에 놓고 새끼들을 나르듯이, 오직 하나님만이 이스라엘을 이끄셨습니다.

지금까지 이스라엘에게 다른 신들은 없었습니다. 모든 좋은 것에 부족함 없이 이스라엘을 사랑하신 하나님의 파토스는 배은망덕한 이스라엘을 고개 숙이게 하십니다.

하나님의 은혜로 의롭게 된 여수룬은이스라엘의 명예로운 표현 하나님을 저버리고 살찌우신 하나님을 떠났으며, 다른 신들을 섬겨 질투하게 했습니다. 갖가지 역겨운 것들을 따라가 하나님을 분노하게 하였으며 알지도 못하는 신들을 섬겼고 이스라엘을 낳은 하나님을 버렸습니다. 그들의 반석을 버렸습니다. 그리고 잊었습니다. 하나님을 버린 어리석은 백성이 어떻게 되는지를 두고 보셔야만 하는 하나님의 파토스는 눈물이 됩니다.

악하고 진실하지 못한 이스라엘 때문에 고통스러운 진노가 온 천하를 뒤 흔들게 됩니다. 그럼에도 불구하고 이스라엘을 회복하시며 이스라엘을 압제한 자들을 처벌하시는 하나님은 그 파토스를 영원히 거두시는 법이 없으신 우리의 아버지이십니다.

자기 백성을 끔찍이도 사랑하시는 하나님의 파토스를 이야기하는 모세는 가슴이 벅차오릅니다. 이 우매한 백성의 죄로 인해 저주가 임한다 해도 하나님과 그 백성에 대한 사랑이 끝이 아니라는 사실을 알고 있습니다. 지금까지 은혜로 돌보시고 그 백성과 함께 하시려고 행동하시는 하나님의 파토스는 영원히 고갈되지 않을 것임을 확신합니다.30:1-20

과거에도 그러하셨듯이 하나님의 모든 헌신으로 여호수아를 세워 또 다른 승리를 주실 것입니다. 그래서 마지막으로 이스라엘

과 각 지파를 축복합니다.창29, 신33

하나님의 사람이며 이스라엘의 아버지로서 이스라엘을 인도하실 하나님의 마음을 전합니다. 그리고 하나님의 무한한 파토스를 받은 우리는 최고의 복을 누리는 사람인 것을 고백합니다. 그의 평생 동안 은혜와 사귐의 손길을 허락하신31:30-32:44 하나님을 찬양합니다.모세의 노래-기억하기 쉬운 메시지, 시편90편

이 후에 모세 같은 선지자가 없을 정도로 하나님께 큰 은혜를 입었던 모세는 하나님과 함께 영원히 거하게 됩니다. 하나님과 얼굴을 대면하여 보았던 위대한 지도자 모세는 갔지만사명을 다한 삶 하나님의 위대한 구속의 역사는 중단 되지 않으셨으며 이스라엘을 은혜로 돌보시고 여전히 사랑으로 사귀어 주십니다. 신명기 31장에서 34장은 모세의 죽음으로 결코 결론에 그치지 않습니다. 이제 승리의 소망을 주시며, 언약 백성으로서 어떻게 살아야 하는지를 보여주는 새로운 역사의 서막을 알리게 됩니다.

창세기부터 신명기까지
성경: 하나님의 파토스

발행일 초판 2009년 10월 12일
지은이 오 강 수
편 집 박 정 숙
발행처 도서출판 행복한사람
등 록 제318-2009-000111호
주 소 서울시 영등포구 영등포동 7가 149-1번지
전 화 02)2633-8581, 017-397-5454
메 일 ohgangsu@nate.com
ISBN 978-89-963177-0-8 (03230)
*성경은 개역개정을 사용하였습니다.